la Historia de la Música

Sonidos, instrumentos, protagonistas

TEXTO: Stefano Catucci

ILUSTRACIONES: Manuela Cappon, L. R. Galante, Alessandro Menchi,
Francesco Spadoni, Studio Boni-Pieri-Critone

TRADUCCIÓN: José María Pinto

DoGi

Título original
La storia della musica

© 2001, DoGi SpA, Florencia
© 2005, Malsinet Editor, s. l., Barcelona
   Indústria 11 (Pol. Ind. Buvisa)
   08329 - Teià (Barcelona)

Texto
Stefano Catucci

Ilustraciones
*Manuela Cappon, L. R. Galante,
Alessandro Menchi, Francesco Spadoni,
Studio Boni-Pieri-Critone*

Compaginación edición española
Cifra (www.cifra.cc)

ISBN: 84-934230-0-9

Impreso por *Eurolitho SpA*
Rozzano (Milán), Italia

Créditos

Sumario

Sumario temático

LAS RAÍCES DE LA MÚSICA

La música es tan antigua como la historia de la humanidad, y está vinculada al origen de sus actividades fundamentales, como el lenguaje y la comunicación. No existe civilización alguna que no haya manifestado interés por el canto, por la danza o por la invención de instrumentos musicales. Pero reconstruir los primeros pasos de la música en la historia del ser humano no es menos difícil que reconstruir el mundo de las civilizaciones más antiguas, y requiere las mismas técnicas: excavaciones arqueológicas, desciframiento de documentos e interpretación de pinturas y decoraciones. A partir de estos rastros fragmentarios se inicia el conocimiento del camino milenario de la música.

LA ARQUEOLOGÍA
Las excavaciones arqueológicas revisten para la historia de la música un papel fundamental; además de los instrumentos musicales, se presenta la posibilidad de reconstruir ambientes y situaciones en los que tocar, cantar y bailar eran actividades de importancia vital.

Leonard Wooley (1880-1960)
Arqueólogo británico. Su fama está vinculada sobre todo al descubrimiento de la necrópolis de Ur.

Un arpa milenaria
En las excavaciones de la ciudad de Ur, en Mesopotamia, se encontró un arpa de madera de 2500 a. C., adornada con lapislázuli; la posición de un esqueleto desveló la técnica de ejecución.

8

La introducción al capítulo

El volumen está dividido en seis capítulos. Cada uno de ellos está precedido por una doble página que presenta un texto y una ilustración de introducción, y un avance del desarrollo de los episodios de las páginas sucesivas.

Los fuegos artificiales
Fueron introducidos en Europa desde China en el siglo XIV. Con ocasión de las grandes fiestas al aire libre de la época barroca, se construían pabellones de madera, proyectados por arquitectos y escenógrafos, a menudo incendiados al término de los espectáculos. Sin embargo, el fragor de los estallidos no perjudicaba a la música, que era parte integrante de los festejos. Arriba, a la izquierda, fuegos artificiales en una gran fiesta de 1749. A la derecha, una página sobre los fuegos artificiales de la *Encyclopédie* de Diderot.

Música en los cafés
Tras salir de las cortes, de los salones privados y de las iglesias, antes de recalar en la sala de concierto, la música instrumental se difundió en los cafés, al aire libre o en su interior. A la izquierda de estas líneas, el Café Zimmermann de Hamburgo en un grabado de la época.

Música al aire libre
Además de ejecutarse en las iglesias, en los palacios y en los teatros, la música también se interpretaba en los jardines o en las plazas para celebrar acontecimientos especiales o cuando se organizaba un espectáculo como el de los fuegos artificiales. Para que la música al aire libre fuera eficaz, era necesario ampliar notablemente la orquesta, y recurrir a instrumentos más potentes, como trompetas, trombones y percusión.

Fiestas reales en Londres
Fue Händel quien escribió la música más importante para las fiestas de la corte de Inglaterra; en 1749, para celebrar la victoria en la Guerra de Sucesión Española, compuso la grandiosa *Música para los reales fuegos artificiales*.

56

Los objetos
El ajuar de una tumba como la de Ur permitió reconstruir el ambiente en el que se practicaba la música con arpa: una corte real cuyo ambiente se quiso reproducir en la sepultura.

Las raíces de la música

Desarrollo

La vida de los pueblos que viven todavía fuera de la civilización tecnológica testimonia cómo fue la música en sus inicios: un lenguaje esencial capaz de difundir los mitos sobre los propios orígenes del mundo y de la humanidad (10-11). En cualquier civilización de la Antigüedad, la música fue un elemento de cohesión para las comunidades y participó en los grandes ritos colectivos: sostuvo las religiones (12-13), reforzó los ánimos de los soldados en las guerras (14-15) y poseyó un valor casi mágico que se manifestó en particular en la danza (16-17). En sociedades históricas como la de los griegos del siglo v a. C., la música comenzó a convertirse en una forma de espectáculo y se vinculó con el teatro. Se perfeccionaron los instrumentos y el modo de tocarlos (18-19). Los caminos de las distintas culturas musicales del Mediterráneo se encontraron posteriormente en la Roma imperial (20-21), donde la música acompañó los cultos religiosos, los espectáculos teatrales y circenses, el entretenimiento doméstico y las fiestas populares.

9

Las páginas de los capítulos
Una ilustración y las leyendas que la acompañan presentan un episodio de la historia de la música. Un marco, con diferente color según los temas, contiene las voces de una pequeña enciclopedia de la música, que se puede consultar con los sumarios de la presente página.

las fiestas
aire libre
tificiales
ultitudes

Fuegos y artificieros
Ráfagas con estelas de fuego en cascada, torbellinos de distintas formas y colores eran la parte esencial del espectáculo pirotécnico del que se ocupaban las unidades de artillería del ejército.

57

LAS RAÍCES DE LA MÚSICA

La música es tan antigua como la historia de la humanidad, y está vinculada al origen de sus actividades fundamentales, como el lenguaje y la comunicación. No existe civilización alguna que no haya manifestado interés por el canto, por la danza o por la invención de instrumentos musicales. Pero reconstruir los primeros pasos de la música en la historia del ser humano no es menos difícil que reconstruir el mundo de las civilizaciones más antiguas, y requiere las mismas técnicas: excavaciones arqueológicas, desciframiento de documentos e interpretación de pinturas y decoraciones. A partir de estos rastros fragmentarios se inicia el conocimiento del camino milenario de la música.

LA ARQUEOLOGÍA

Las excavaciones arqueológicas revisten para la historia de la música un papel fundamental; además de los instrumentos musicales, se presenta la posibilidad de reconstruir ambientes y situaciones en los que tocar, cantar y bailar eran actividades de importancia vital.

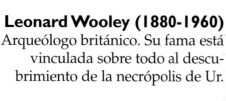

Leonard Wooley (1880-1960)
Arqueólogo británico. Su fama está vinculada sobre todo al descubrimiento de la necrópolis de Ur.

Un arpa milenaria
En las excavaciones de la ciudad de Ur, en Mesopotamia, se encontró un arpa de madera de 2500 a. C., adornada con lapislázuli; la posición de un esqueleto desveló la técnica de ejecución.

Los objetos

El ajuar de una tumba como la de Ur permitió reconstruir el ambiente en el que se practicaba la música con arpa: una corte real cuyo ambiente se quiso reproducir en la sepultura.

Desarrollo

La vida de los pueblos que viven todavía fuera de la civilización tecnológica testimonia cómo fue la música en sus inicios: un lenguaje esencial capaz de difundir los mitos sobre los propios orígenes del mundo y de la humanidad (10-11). En cualquier civilización de la Antigüedad, la música fue un elemento de cohesión para las comunidades y participó en los grandes ritos colectivos: sostuvo las religiones (12-13), reforzó los ánimos de los soldados en las guerras (14-15) y poseyó un valor casi mágico que se manifestó en particular en la danza (16-17). En sociedades históricas como la de los griegos del siglo V a. C., la música comenzó a convertirse en una forma de espectáculo y se vinculó con el teatro. Se perfeccionaron los instrumentos y el modo de tocarlos (18-19). Los caminos de las distintas culturas musicales del Mediterráneo se encontraron posteriormente en la Roma imperial (20-21), donde la música acompañó los cultos religiosos, los espectáculos teatrales y circenses, el entretenimiento doméstico y las fiestas populares.

La música de los pueblos sin escritura

En los márgenes de las sociedades tecnológicas, en continentes como África u Oceanía, sobreviven aún hoy poblaciones que no conocen la escritura y confían al canto la transmisión de los conocimientos, los mitos y las creencias religiosas. Como toda la humanidad hizo durante milenios.

Instrumentos del mar

En las islas de Polinesia, los instrumentos musicales siguen construyéndose con materiales marinos: la piel de los tiburones recubre los tambores, con las conchas más grandes se crean trompetas y, con las más pequeñas, cascabeles.

Cuando el mundo nace del canto

Para los aborígenes de Australia, los dioses antepasados dieron origen al mundo a través de cantos que luego los hombres recuerdan y repiten para que la vida tenga continuidad.

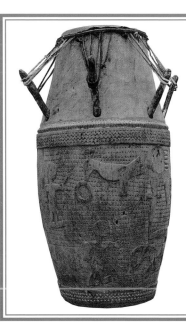

▮▮▶ La etnología

Entre los siglos XIX y XX la etnología estudió la cultura de los pueblos denominados primitivos, e incluyó la música en el ámbito de sus intereses. Hoy, la definición de aquellos pueblos como «primitivos» ha quedado superada y se considera una herencia de la época del colonialismo, en la que la civilización de origen europeo se ensalzaba como modelo de desarrollo de cualquier otra forma de cultura. Más que juzgar qué es «moderno» o «primitivo», el cometido de la etnología hoy es el de valorar las diferencias entre culturas que presentan una dignidad pareja en el escenario de la historia. A la izquierda, tambor de barril de Ghana.

Música y religión

Antes de convertirse en una forma de arte, como sucedió en el mundo moderno, la música era el lenguaje más eficaz para comunicar y para tener presentes los valores y las reglas de las sociedades humanas. De este modo, durante mucho tiempo, la música formó parte de todos los rituales importantes, sobre todo los de la religión.

Un nuevo culto

A mediados del siglo XIV a. C., las músicas acompañaban a la familia real del faraón Amenofis IV en el templo de Tell el-Amarna, dedicado a Atón (dios del sol).

Flautas y oboes

Arpa arqueada

Un antiguo director egipcio

Funciones rituales precisas, instrumentos refinados como el arpa arqueada y ejecutantes especializados; en la vida religiosa del antiguo Egipto, la música estaba en primer plano. El maestro de ceremonias dirigía el conjunto instrumental con gestos de las manos.

▐▐▷ Los mitos sobre el origen del mundo

Casi todas las sociedades antiguas tenían mitos y leyendas acerca del nacimiento del cosmos, y muchas relacionaban estrechamente la música con la divinidad. Es el caso, por ejemplo, de los mitos mesopotámicos o del filósofo Platón, que en el *Timeo* formula la hipótesis de una música celestial producida por el movimiento de las órbitas de los planetas. En la imagen superior se representa el origen del universo según el mito de los sumerios, es decir, como la lucha entre un dios bueno, Marduk, y el dragón Tiamat. A partir del cadáver de Tiamat se originaron la bóveda celeste y la Tierra.

La música de la Biblia

Las liturgias hebraicas de los orígenes recurrían ampliamente al canto, mientras que repartían el uso de los instrumentos según una rígida jerarquía social: cuernos de animales y trompetas para los sacerdotes; percusión y flautas para el pueblo e instrumentos de cuerda para los levíes, los adeptos al culto.

La fanfarria

Desde los tiempos más antiguos, los instrumentos de sonido potente, como los tambores y las trompetas, se usaron para asustar al enemigo; en Europa, hasta fines del siglo XVIII estos instrumentos caracterizaban la música militar. La fanfarria, es decir, una banda musical compuesta por instrumentos de metal, entró a formar parte entonces de la música de concierto, dando vida al género militar, al que contribuyeron los autores más importantes del clasicismo, como Haydn, Mozart o Beethoven.

Música y guerra

El episodio bíblico del tañido de las trompetas que abate las murallas de Jericó testimonia la importancia del papel que tuvo en el mundo antiguo la música en la guerra. Podía infundir coraje, asustar a los enemigos, cohesionar a los soldados, celebrar un triunfo o preparar al espíritu para la batalla. El fragor producido por los tambores y las trompetas dio vida a una tradición que ha llegado hasta la música militar moderna.

Los tambores

La relación entre música y guerra tiene un origen mágico: en la América precolombina se consideraba que los instrumentos hechos con la piel de los enemigos reforzaban el valor de los ejércitos.

Las trompetas

Eran de arcilla, tenían una forma retorcida y se tocaban para señalar el paso de los ejércitos.

Los incas

El imperio de los incas se formó relativamente tarde, en 1438, y duró hasta 1531. Antes de la conquista por parte de los europeos, su imperio era el más organizado y poderoso de las Américas. Los incas conocían la metalurgia y la cerámica, artes con las que construían también sus instrumentos musicales.

El espíritu de la danza

Algunos expertos consideran que el ritmo y la danza, incluso ante que el canto, fueron las primeras formas que asumió el sentido musical desarrollado por el hombre. La danza es, pues, desde los tiempos más remotos, un modo privilegiado que los hombres tenían para comunicar con los dioses.

La danza en el mundo antiguo

En las poblaciones del mundo antiguo y en las que viven todavía en estado tribal, la danza es un evento presente en todas las ceremonias sociales: desde la religión hasta la guerra, pasando por la caza y los ritos estacionales. En cada uno de estos casos, la danza no es un espectáculo de entretenimiento, sino un lenguaje que, basado esencialmente en el ritmo, traduce en imágenes y movimientos los relatos de la mitología.

Los tambores

Se consideraban instrumentos sagrados, y se levantaban del suelo para evitar contaminaciones.

Los orígenes de la música

Todavía hay una polémica entre quienes opinan que la música nació del lenguaje y el canto, como hizo en el siglo XVIII el filósofo ginebrino Jean-Jacques Rousseau (1712-1778), junto a estas líneas en un retrato de 1753, y quienes sitúan su origen en los valores rituales del ritmo y de la danza, como hizo en el siglo XIX el compositor R. Wagner.

El lenguaje de la danza

Entre las civilizaciones no europeas, por ejemplo en América entre los aztecas, la danza había asumido un lenguaje complejo, constituido por gestos y movimientos previamente establecidos en cada uno de sus detalles.

La larga danza azteca

En el siglo XV, en la capital del Imperio azteca, Tenochtitlan, se desarrollaban largas danzas rituales dedicadas a la tierra, en cuyas coreografías destacaban movimientos únicamente a cargo de brazos y manos.

Los errores en las danzas

En la lengua azteca, cometer errores en la danza coincidía con la palabra «pecar». Un error durante una danza ritual conllevaba rígidos castigos.

El emperador

También el emperador azteca participaba en las danzas, con la esperanza de ganarse el favor de los dioses.

Apolo y Dionisos

En la antigua Grecia, las composiciones poéticas musicales acompañaban las ceremonias rituales y entraban en competición entre sí en los teatros frente a un público vasto y apasionado. Los instrumentos principales eran el *aulos*, la flauta y la *kythara* (la lira). El primero, instrumento de la melodía y de la pasión, estaba vinculado al culto a Dionisos. La segunda, instrumento de la armonía y de la racionalidad, era el atributo típico del dios Apolo.

Una fiesta musical

En el siglo VI a. C., a modo de conclusión de las competiciones píticas en Delfos, dedicadas a Apolo, los vencedores de los concursos musicales para *kythara* y *aulos* escenificaban, mediante la danza, una representación del mito de Apolo derrotando a Marsias en una competición musical.

Aulos
Instrumento de viento de sonido agudo y penetrante.

Marsias
Según el mito, este personaje de procedencia oriental inventó el *aulos* y fue derrotado por Apolo en un desafío musical.

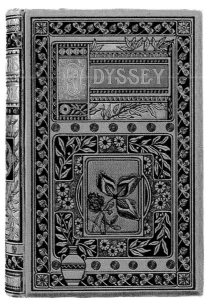

Los poemas homéricos

La *Ilíada* y la *Odisea*, los dos poemas fundadores de la civilización griega que la tradición atribuye al poeta Homero, encarnan el espíritu de conquista y aventura de la Grecia del II milenio a. C. En origen, los relatos eran versos musicados, cantados por los aedos y por los rapsodas para educar a la comunidad.

En la *Odisea* es justamente un aedo quien conmueve a Ulises con el relato de la guerra de Troya. Sin embargo, en el episodio de las sirenas, Homero muestra el poder diabólico del canto, cuya fascinación es capaz de llevar a los hombres a la ruina.

Kythara

Tipo de lira de siete cuerdas, originariamente de cáñamo. Acompañaba a la poesía. La tocaban sobre todo profesionales en los conciertos y en las competiciones panhelénicas.

A favor y en contra de la música

Para los griegos, la música tenía dos caras: actuando en el alma, educa o corrompe, divierte o hace enloquecer. Esta dualidad se refleja en el pensamiento del filósofo Platón, que denunciaba sus efectos nefastos y, por otra parte, decía que la filosofía era «la forma más elevada de música».
A la izquierda, Platón en *La escuela de Atenas*, de Rafael, 1509-1510, Museos Vaticanos.

Apolo

El bailarín interpretaba el papel de Apolo, dios de las artes, inventor de la *kythara*. Para los griegos, su victoria sobre Marsias representaba el triunfo de la moderación sobre la sensualidad de origen oriental.

▮▮▶ Las fuentes iconográficas

Reconstruir la vida musical de la Roma antigua no es fácil; de hecho, las fuentes directas no son muchas. Los historiadores se basan, más que en tratados o en testimonios escritos, en representaciones iconográficas, es decir, en imágenes de mosaicos o de frescos. En un mosaico hallado en Pompeya (Nápoles, Museo Nacional) la flauta parece de clara derivación griega, mientras que los instrumentos de percusión descienden de la tradición etrusca.

Las arenas

Durante los combates de gladiadores a menudo se representaban escenas de las guerras de conquista. Los prisioneros debían tocar entonces instrumentos musicales que evocaban su país de origen: órganos hidráulicos de Egipto, cítaras cartaginesas o instrumentos de percusión de Asia Menor.

▬▬Nerón

▼Este emperador romano de mediados del siglo I d. C. estaba inscrito en el registro de los citaristas, músicos y poetas de una asociación profesional. Tras él, los emperadores Tito, Domiciano, Adriano y Heliogábalo contribuyeron al nacimiento de escuelas de canto y danza. En Roma la música, como cualquier otro espectáculo, servía a los gobernantes para ganar el apoyo del pueblo. A la izquierda, tañedor de trompeta en un detalle de un mosaico (Sicilia, siglo IV).

El mundo romano

Como en otros campos de la cultura, también en la música los romanos absorbieron y transformaron formas e instrumentos de los pueblos con los que entraron en contacto y a los que dominaron. En Roma, en los espectáculos teatrales, se afianzó por primera vez el canto solista.

Los citaristas
Organizados en corporaciones profesionales, los citaristas tenían el cometido de narrar, cantando, lo que la puesta en escena de los espectáculos evocaba.

Las buccinas
La fanfarria de la arena estaba compuesta preferentemente por buccinas, trompetas metálicas de origen etrusco y militar.

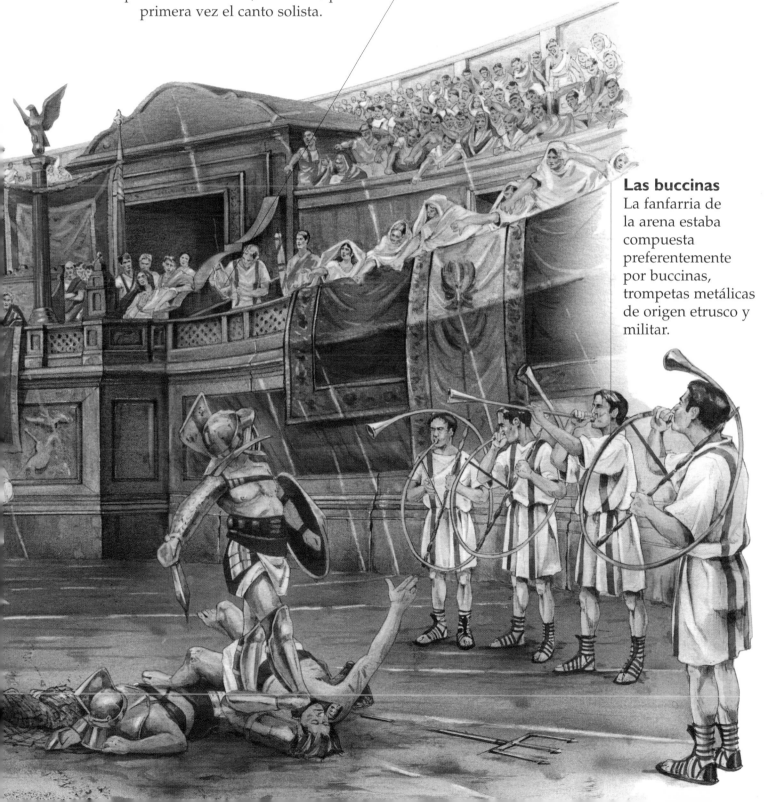

ORIENTE Y OCCIDENTE

Durante la Edad Media europea, por iniciativa del papa Gregorio Magno, la Iglesia seleccionó un amplio repertorio de melodías destinado a convertirse en la base de la práctica y de la teoría musical de todo el Occidente cristiano. El canto gregoriano se enriqueció con el tiempo con nuevas contribuciones, lo ejecutaron cantores cada vez más hábiles, requirió la formación de grupos corales especializados y propició que la música sacra ostentara mayor importancia que la profana. Esta última, relegada a una posición secundaria, recurrió ampliamente a los instrumentos musicales, prohibidos en las iglesias, y se alimentó frecuentemente de la música popular. Al mismo tiempo, en Oriente, desde el mundo árabe hasta India y China, se desarrollaron refinadas culturas musicales cuyos principios, muy diferentes a los europeos, a menudo se han conservado hasta hoy. La música culta del Occidente cristiano tendió a cerrarse frente a la aportación de otras civilizaciones, pero a lo largo de toda la Edad Media europea las formas de la cultura popular mantuvieron vivos los intercambios y las influencias, dando vida a singulares fenómenos de contaminación.

MÚSICA SACRA

En la Edad Media europea, la música fue ante todo un fenómeno vinculado con la religión y la Iglesia: las abadías fueron el centro propulsor, con sus coros, sus escuelas de canto y la copia de manuscritos musicales.

La notación

Es el conjunto de los signos gráficos utilizados para reproducir visualmente la música. En las bibliotecas de las grandes abadías, los amanuenses copiaban las melodías gregorianas en valiosos manuscritos. Hasta el siglo XI convivieron varios modos de escritura, cuando Guido d'Arezzo inventó el pentagrama musical y los nombres de las notas modernas.

El canto gregoriano
La institución de escuelas especializadas en la formación de cantores se remonta a Gregorio Magno (siglo VI); sirvió para uniformizar el estilo del canto y proporcionó el modelo para la creación de las capillas musicales, es decir, del conjunto de quienes ejecutaban música y cantaban en una iglesia.

Desarrollo

Desde fines de la Antigüedad hasta principios del siglo XV, la historia de la música se rigió en parte por intercambios y contaminaciones entre los pueblos; por ejemplo, en Córdoba, en la España dominada por los musulmanes, hacia el siglo IX, la cultura musical árabe y la cristiana tuvieron la posibilidad de encontrarse (24-25). Sin embargo, la historia de la música se desarrolló en particular, durante siglos, a través de vicisitudes paralelas; en el mundo se formaron tradiciones musicales con reglas propias y modos de tocar diferentes. El estilo que dio una identidad musical en Europa fue, en especial, la polifonía (26-27), dominante ciertamente en el ámbito religioso, pero también ampliamente difundida fuera del contexto sacro, como se puede ver, por ejemplo, en el caso de las fiestas de los locos (28-29). Durante los mismos siglos, fuera de Europa comenzaban a consolidarse otras importantes tradiciones musicales, cuya herencia ha llegado hasta hoy, como sucede en el caso de China (30-31), de Japón (32-33) y también de la India (34-35).

Los intercambios culturales

La Edad Media se suele considerar una época de culturas cerradas y sin comunicación entre sí. El mundo árabe y el mundo cristiano, en especial, continuamente en guerra, aparecen como dos civilizaciones que florecieron en oposición. Pero la historia de la Edad Media también es una historia de intercambios y de encrucijadas culturales que se desarrollaron de forma subterránea, pero que mantuvieron sólidos vínculos comunes entre las culturas de regiones limítrofes, como, por ejemplo, las del Mediterráneo. Desde este punto de vista, el Islam y el mundo cristiano ocultan bajo sus diferencias la huella de antiguos parentescos.

Córdoba

La capital del emirato islámico constituido en España en 756 d. C. fue el principal centro de intercambios entre la cultura musulmana y la cristiana.

La música árabe y la cristiana

El instrumento principal de la música árabe es el *ud*, un instrumento conocido en Europa como laúd, de la palabra árabe *al'ud* («madera», «tabla»). El laúd tenía un mango corto, estaba dotado de cuatro o cinco cuerdas y se usaba tanto en función de solista como para acompañar el canto. Importado a España por los árabes, el laúd se difundió, modificándose, por toda la Europa cristiana hacia el siglo XIII, donde se impuso muy pronto como instrumento de cámara entre los más nobles. No sólo en España, sino también en los Balcanes, otro lugar fronterizo entre la cultura árabe y la cristiana, las tradiciones musicales se contaminaron, dando origen a una sonoridad mixta, cuyas huellas se pueden reconocer aún hoy, especialmente en los cantos populares.

Sobre estas líneas, la corte del emirato omeya de Córdoba.

La fuga

En el año 822, el cantante y laudista Zyriab desembarcó en Córdoba después de huir de la corte de Bagdad. Zyriab se encontró no sólo con un clima de mayor tolerancia, sino también con nuevos estímulos para enriquecer su arte.

Zyriab

Nacido en Bagdad, conducido hasta la corte por el músico Al-Mausili, que intuyó su talento, introdujo en la música árabe elementos de estilo occidental.

Ars nova y Ars antiqua

En torno a 1320, el francés Philippe de Vitry publicó un tratado titulado *Ars nova*, que marcó una fractura histórica en la música europea; en lugar de la polifonía más antigua *(Ars antiqua)*, se fue afianzando un lenguaje más elaborado pero más apto para acoger melodías de origen profano y para facilitar una exigencia generalmente ajena al género religioso: la expresión de los sentimientos individuales.

Guillaume de Machaut

El representante más insigne de la *Ars nova* francesa fue Guillaume de Machaut (1305-1377). Su obra maestra fue la *Misa de Notre-Dame*, la primera obra polifónica de concepción ambiciosa de la historia. Pero también fueron importantes sus *Motetes*, para cuyos textos abandonó a menudo el latín, inspirándose en la nueva poesía francesa. Sobre estas líneas, Guillaume de Machaut en una miniatura de 1370-1380.

Los códices

Eran los libros escritos a mano antes de la invención de la imprenta. Muchos códices conservan fragmentos musicales escritos a mano por pacientes copistas.

Los autores

Hasta el siglo XII, la música era anónima y difícilmente se puede datar. Pero cuando la polifonía se fue haciendo más compleja, emergió la maestría de músicos ya conocidos y se distinguieron los primeros autores, como los franceses Léonin y Pérotin.

El arte de la polifonía

Entre los siglos XI y XII, en las iglesias de las principales ciudades europeas se difundió la polifonía, es decir, la combinación de varias voces que ejecutaban conjuntamente una misma composición pero que se mantenían independientes las unas de las otras. El desarrollo de la polifonía requirió técnicas musicales más refinadas y sistemas de escritura más precisos en comparación con el canto a una sola voz, llamado «monodia», de una o varias personas.

Las catedrales
En una época dominada por el género sacro, la catedral, la iglesia más importante de una ciudad, ejercía funciones de escuela y de laboratorio de investigación musical.

El contrapunto
Era la técnica de la polifonía. Una voz principal, el *tenor*, ejecutaba la melodía gregoriana; a cada nota suya le correspondían las de las restantes voces.

Notre-Dame
Edificada en París en la segunda mitad del siglo XII, esta catedral dio vida a la primera gran escuela de polifonía sacra, y siguió siendo el centro propulsor de los desarrollos del arte musical medieval.

El día de los asnos
Disfrazados de animales humildes como el asno, los locos vociferaban todo el día por la ciudad.

Instrumentos
Flautas, laúdes y zanfonas, aunque también ruidosas latas y pucheros acompañaban los cantos.

a fiesta de los locos

En la Edad Media, entre Navidad y Epifanía, se celebraba en muchas catedrales europeas la fiesta de los ocos o de los necios, coincidiendo a menudo con el fin del año. El rito, casi rnavalesco, conllevaba que, durante un día, los locos pudieran hablar, ntar y bailar en libertad. La música ra el ingrediente fundamental de la fiesta, organizada por el clero más jo. Los cantos populares, a menudo con un trasfondo sexual, solían dominar respecto a los litúrgicos.

Los religiosos

La misa se celebraba al aire libre, delante de la iglesia, donde incluso los religiosos cantaban canciones vulgares.

▐▐▶ Música sacra y profana

La relación entre melodías sacras y profanas (de tema no religioso) en la Edad Media tenía un carácter de intercambio. Mediante la imitación cómica, es decir, la parodia, la música sacra se volvía a utilizar en el campo profano, si bien muchas misas se construyeron a partir de canciones no religiosas, como la célebre *L'homme armé*, interpretada hasta el siglo XV. Sobre estas líneas, composición del florentino Francesco Landini (1325-1397).

▐▐▶ *Carmina Burana*

Es la mayor recopilación de cantos goliárdicos de la Edad Media. Se remonta a los siglos XII y XIII, y toma el nombre del monasterio de Benediktbeuern, en Alemania. En los *Carmina Burana*, la espontaneidad de la melodía popular se mezcla a menudo con el gusto del canto gregoriano. Arriba, Pieter Bruegel, *Danza de campesinos*, hacia 1568; Viena, Kunsthistorisches Museum, detalle.

La música china

En la antigua tradición china, el sonido era parte del universo y tenía un papel central en su funcionamiento. A la música se le atribuía un poder casi mágico: una buena ejecución se consideraba acorde con el buen orden del cosmos; una mala interpretación podía atraer calamidades. Por esta razón, desde la Antigüedad, la música estaba reglamentada y vigilada desde las cortes, que velaban por el respeto de la tradición. Pero a partir del siglo XIII, con el dominio de la dinastía mongol, se afirmó en China una nueva síntesis de la música, recitación, danza y canciones que en Occidente adoptará el nombre de «ópera». Sobre estas líneas, pintura anónima de un concierto palaciego (siglo X), National Palace Museum, Taipei.

En la casa del té

A mediados del siglo XIX, en las casas de té de Pequín donde se encontraban los ricos mercaderes de la ciudad, se podía representar una ópera como *La concubina ebria*.

Las acrobacias

Una vez bebido el vino de la taza, la concubina, con un gesto acrobático fruto de una larga preparación, se arqueaba para posar la taza sobre la bandeja situada detrás de ella.

China

En los mismos siglos de la Edad Media europea, la civilización china dio forma a una tradición musical que se mantuvo prácticamente intacta hasta nuestros días. Lenguaje, armonía, técnicas de escritura, instrumentos musicales y modos de cantar se tradujeron rápidamente en sistemas de reglas que la música china ya no ha abandonado, reivindicando incluso su vínculo con la tradición aristocrática y antigua de la que procede.

El teatro Nõ

En lengua japonesa, *nõ* significaba originariamente «arte», «habilidad». A partir del siglo XIV, sin embargo, el término indicaba un espectáculo teatral de derivación budista, en el que confluían recitación, canto, música instrumental, mimo y danza. La estructura del teatro *Nõ* obedecía a reglas formales muy precisas: había un actor principal, un segundo actor, un número variable de figuras de reparto y finalmente una orquesta en la que emergían la flauta e instrumentos de percusión como el *tsuzumi*, el tambor de clepsidra y el de barril. Hay seis géneros de teatro *Nõ*: dramas divinos, de batalla, de locura, de venganza, femeninos (interpretados por actores masculinos) y finales, que servían para concluir el espectáculo. Junto a estas líneas, máscara del teatro *Nõ*.

Japón

La historia musical de Japón conoci entre los siglos XIII y XIV un desarroll espectacular que afectó al género instrumental, al vocal y al teatral.

Las narraciones épicas acompañadas por la *biwa* (laúd) y la música para el teatro *Nõ* fuero las novedades más importantes y llevaron a una fusión de recitación canto y danza. Posteriormente, en el siglo XVII, emergieron dos género de espectáculo popular: el *kabuki* y el teatro de marionetas.

Kabuki

Es la forma principal de teatro popular japonés, difundida a partir del siglo XVII. En ella se funden cantos, diálogos y pantomimas con una pequeña orquesta en el escenario y una de mayor tamaño fuera del escenario, rica en instrumentos de viento y de percusión.

El espectáculo
En Osaka, en 1734, se adoptó por primera vez una nueva técnica de movimiento de las marionetas.

Las marionetas

En Japón las marionetas se remontan a una antigua
tradición que presentó una auténtica revolución
entre los siglos XVII y XVIII, cuando se introdujo
una técnica compleja: cada marioneta la movían
tres personas, la principal para la cabeza y el brazo
derecho, y las otras dos para el brazo izquierdo
y las piernas.

Shamisen

Introducido en Japón desde China
en 1562, este laúd de tres cuerdas se
convirtió en el acompañamiento
principal para las narraciones
(joruri). En el siglo siguiente
comenzó a acompañar
al teatro de marionetas.

El narrador

En cada forma de espectáculo
musical se prevé la presencia de
una voz narradora, que declama
cantos y versos libres con un estilo
muy cercano a la recitación.

La música y las castas

Religión, tradición, filosofía y organización social son los elementos que condicionan la vida musical india. La preferencia por el género vocal deriva de la convicción religiosa que asocia la voz con el sentimiento de pureza. El rechazo de la polifonía, es decir, de la mezcla de las voces, refleja por otro lado la división de la sociedad en castas que no aceptan ningún tipo de contaminación entre sí.

La tradición

La música «clásica» india presenta dos tradiciones: indostánica (India del Norte) y carnática (India del Sur). La popular, menos conocida, se divide entre más de 200 etnias.

India

Los textos sagrados hinduistas y los antiguos tratados indios consideran que la música es una fuerza sobrenatural que influye en hombres y dioses. Así, la música se asocia a todo aspecto de la vida religiosa india. Sus formas principales, improvisaciones sobre esquemas rítmicos fijos (*raga* y *tala*), han permanecido inalteradas hasta hoy.

El *sitar*

Es un gran laúd de mango largo, cuya caja armónica se fabrica con una calabaza. Es el instrumento característico de la música india.

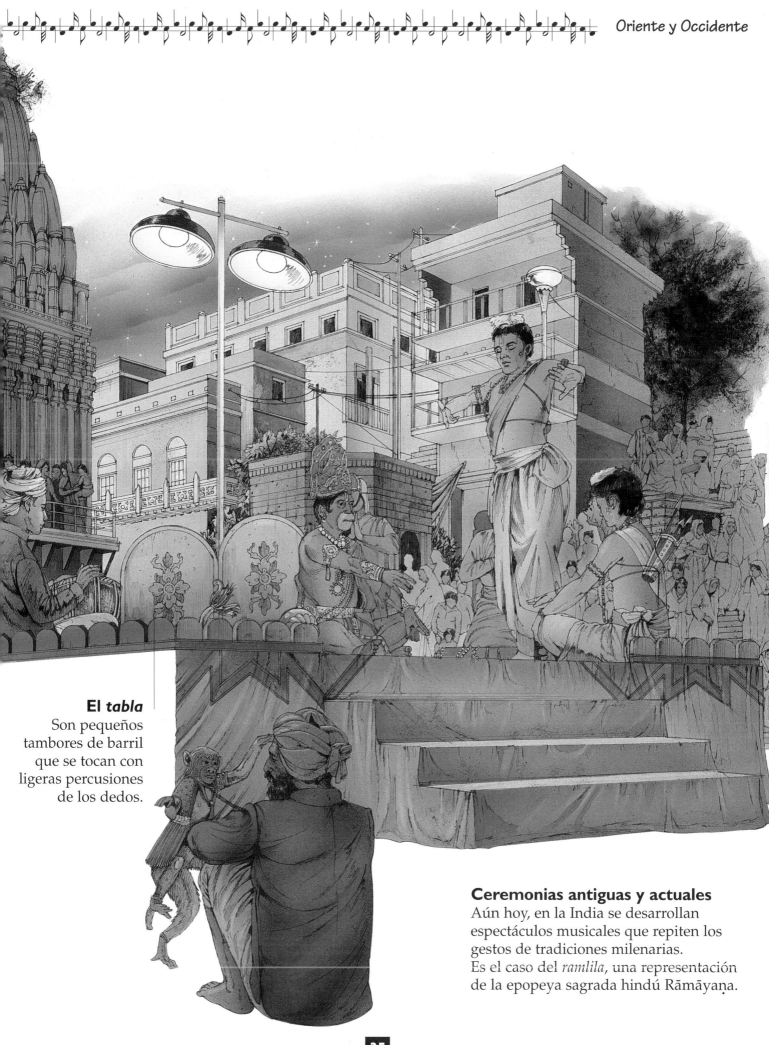

El *tabla*
Son pequeños tambores de barril que se tocan con ligeras percusiones de los dedos.

Ceremonias antiguas y actuales
Aún hoy, en la India se desarrollan espectáculos musicales que repiten los gestos de tradiciones milenarias.
Es el caso del *ramlila*, una representación de la epopeya sagrada hindú Rāmāyaṇa.

DEL RENACIMIENTO AL BARROCO

Desde fines del siglo XV hasta mediados del siglo XVIII, se multiplicaron en Europa los lugares en los que se escuchaba música. Si en la Edad Media la Iglesia había ostentado el monopolio de la escritura «culta» y, en consecuencia, la música había sido esencialmente religiosa, ahora las cortes se convertían en un punto de referencia alternativo. Con la variedad de lugares, aumentaron asimismo los modos de hacer música. La música que se escuchaba en la corte requería autores brillantes y ejecutantes igualmente hábiles; por ello se les requería una creciente especialización. Al mismo tiempo nacía el melodrama, destinado a convertirse en la forma de espectáculo más importante y popular hasta fines del siglo XIX.

LAS CORTES

En las principales ciudades europeas, las cortes de los príncipes y de los reyes dieron vida a una actividad musical que no se oponía a la religiosa, sino que escapaba a sus prohibiciones más rigurosas dando vida a formas de entretenimiento cultas, de arte, y, por ello, ya no de origen popular.

Desarrollo

El nacimiento del melodrama (38-39) fue el acontecimiento más importante del Renacimiento musical: en efecto, la música profana pudo encontrar en el teatro un espacio de expresión análogo al que la música sacra poseía en la iglesia. Esta última se dividió en Europa en dos confesiones, protestante y católica (40-41), nacidas con la Reforma y la Contrarreforma. La música de iglesia quedó dominada por una forma de polifonía, el contrapunto (42-43), cuyos principios fueron exportados por los misioneros hasta el Nuevo Mundo (44-45). El progreso en la construcción de instrumentos (46-47) coincidió con la aparición del Barroco (48-49), principalmente en Italia (50-51) y en Francia (52-53). El Barroco fue la época de los grandes violines de lutería (54-55), las espectaculares fiestas de música al aire libre (56-57) de una dramaturgia casi teatral, incluso en la iglesia con el oratorio (58-59), de la improvisación (60-61) como demostración de sabiduría musical, pero también del desarrollo de la edición musical (62-63), vehículo de difusión de las obras de los grandes autores por toda Europa.

Los mecenas
Junto al sistema de las cortes, aparecieron los mecenas, ricos aficionados que encargaban nuevas obras a los compositores.

Las voces
Fuera de la iglesia, las mujeres también podían participar en el canto. Sin embargo, en el teatro, y durante mucho tiempo, los papeles femeninos los interpretaron hombres, a menudo castrados.

El melodrama nació en el interior de pequeños teatros de corte en los que no había un escenario propiamente dicho, sino un espacio en el que la orquesta y los cantantes estaban situados casi al mismo nivel. La escenografía era un fondo constituido por una tela pintada.

La *Camerata de' Bardi*

En Florencia, entre fines del siglo XVI y principios del XVII, nació un movimiento artístico que, contra el dominio del estilo polifónico, reivindicaba la primacía del canto solista y del teatro, enlazando con la herencia de lo que se suponía que había sido el estilo de la tragedia griega. De este modo se formaron la *Camerata de' Bardi* y el estilo del «recitar cantando», a partir de los cuales nació un nuevo teatro musical.

Monteverdi

En 1607, Claudio Monteverdi (1567-1643), a la izquierda en un retrato de 1640, presentó en Mantua *Orfeo*. Con Monteverdi, que comenzaba a distanciarse del «recitar cantando» revalorizando en su lugar la contribución de la polifonía, la ópera asumió la estructura que conocemos hoy.

El nacimiento del melodrama

El espíritu del Renacimiento, es decir, la tensión ideal para recuperar la herencia del mundo clásico después del largo paréntesis de la Edad Media, se expresó en el campo musical con el nacimiento del teatro musical en las cortes. Prohibido en la iglesia, el teatro musical nació en primer lugar con el propósito de hacer renacer el estilo y el espíritu del antiguo teatro griego, y se presentó inmediatamente como una forma de recitación entonada, un «recitar cantando». Con posterioridad, el canto fue más libre y elaborado.

Orfeo

El mito de Orfeo, símbolo del canto y de la música que con la fuerza de los sentimientos puede derrotar incluso a la muerte, ha sido un tema privilegiado desde los albores del melodrama. Entre los siglos XVII y XX se le dedicaron más de cien óperas al cantor que con la belleza de su canto devolvió a la vida a su amada Eurídice. La primera fue *Euridice*, de Jacopo Peri (1600).

El coral protestante
Melodías simples y textos elementales:
esta forma permitía que todos los fieles
participaran en el canto sin necesidad
de habilidades particulares.

La Europa religiosa

A mediados del siglo XVI, la Reforma protestante dividió en dos la Europa religiosa y, junto a ésta, también los destinos de la música de iglesia. En el terreno protestante, Lutero quiso crear una música muy simple, que pudiera ser cantada por los fieles. La Iglesia católica reivindicó, en cambio, la primacía de la polifonía tradicional, es decir, de una forma compleja que requería ejecutantes especializados.

El *Libro de los cantos*

En 1524 Lutero publicó la primera edición del *Libro de los cantos espirituales*, a partir del cual se derivó toda la tradición de la música sacra protestante.

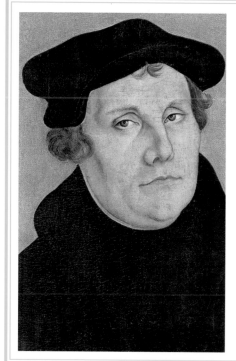

Lutero

El monje alemán Martín Lutero (1483-1546), a la izquierda en un retrato de Cranach, fue el promotor de la Reforma. La suya fue ante todo una batalla contra las doctrinas y la corrupción de la Iglesia de Roma. Para acercar la Palabra de Dios al pueblo y volver a llevar la vida religiosa al respeto de las Sagradas Escrituras, las tradujo al alemán. Y para que el rito fuera más abierto a la participación colectiva, revalorizó el papel de la música.

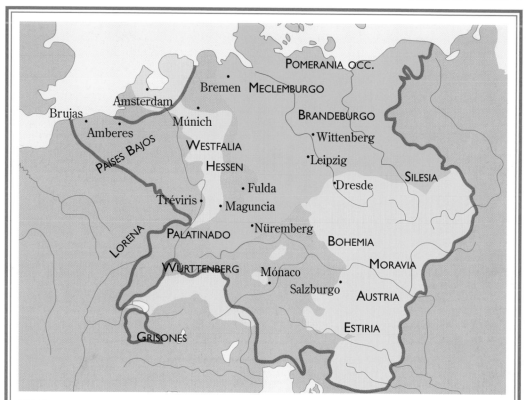

La Reforma y los príncipes alemanes

Además de los motivos religiosos, la Reforma protestante se convirtió asimismo en una lucha de poder: los príncipes alemanes apoyaron a Lutero para liberarse de las ingerencias de la Iglesia romana y para defenderse de las revueltas populares que se iban desencadenando justamente en nombre de la nueva confesión. Pero no toda Alemania abrazó la Reforma; fueron sobre todo los Estados del norte (en el mapa, en rosa más oscuro), más ricos y poblados.

Palestrina

La obra de Giovanni Pierluigi da Palestrina (1525-1594), a la izquierda en un retrato anónimo de 1590, fue el resultado más alto de la música de iglesia de tradición católica en la época de la Contrarreforma. La exigencia de Palestrina fue la de que la construcción de la polifonía fuera menos abstracta, facilitando, por ejemplo, el reconocimiento de las palabras latinas del texto sacro. Para ello partió del tipo de melodía más cercana al tono del habla, la del canto gregoriano, elaborada por él en un contrapunto que por su equilibrio y expresividad puede definirse como clásico.

Voces

Son las melodías simples que se entrelazan y se cruzan en el contrapunto. La técnica fundamental es la imitación, que puede ser literal, invertida o variada. Cuando se confía a los instrumentos, la forma del contrapunto se denomina «fuga».

Canon invertido

La segunda voz enlaza con la última nota del tema principal y lo recorre al revés, como la marcha de un cangrejo; es un virtuosismo del contrapunto.

El *contrapunto*

La práctica del contrapunto, un arte tan antiguo como la polifonía, fue común a la música católica y a la protestante. Se trataba de la correspondencia, cruces y desencuentros entre voces que, cantando simultáneamente, ejecutaban melodías independientes pero vinculadas por sutiles formas de relación.

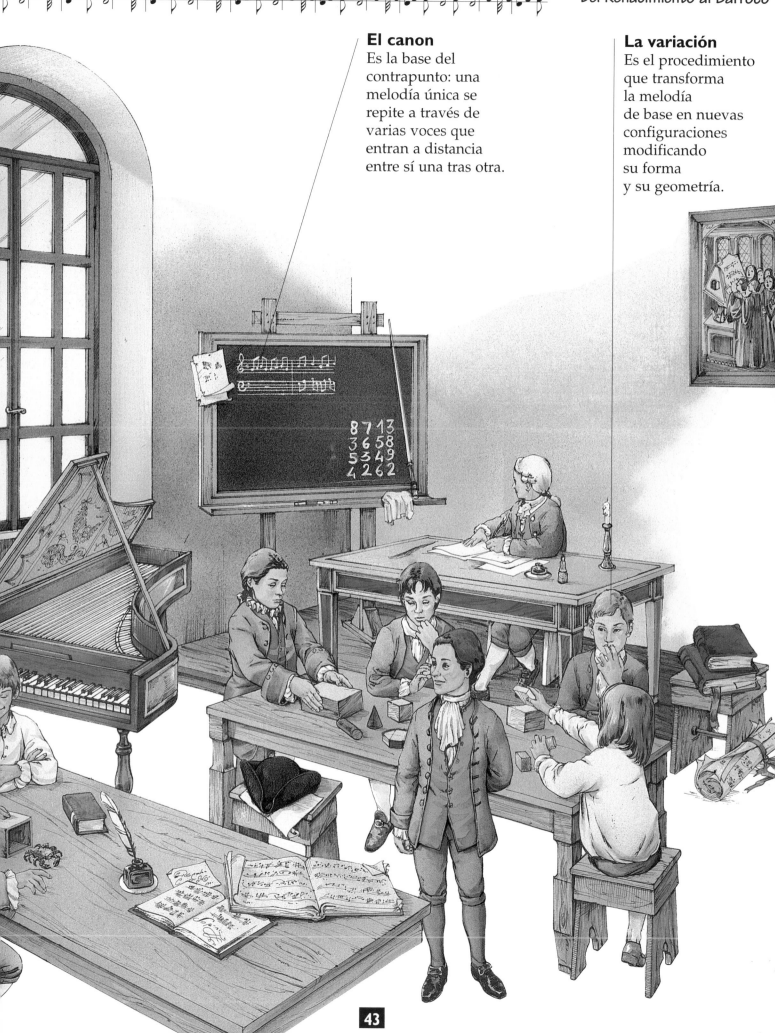

El canon
Es la base del
contrapunto: una
melodía única se
repite a través de
varias voces que
entran a distancia
entre sí una tras otra.

La variación
Es el procedimiento
que transforma
la melodía
de base en nuevas
configuraciones
modificando
su forma
y su geometría.

87 13
36 58
53 49
4 262

43

⏸️▶ La música precolombina

En la época de la conquista española y portuguesa, las poblaciones nativas de América, en el norte y en el sur del continente, poseían una rica cultura musical, pero carecían de sistema de notación para fijarla en documentos escritos. La vida musical de las sociedades precolombinas todavía se puede reconstruir partiendo no sólo de relatos y descripciones, sino también de los instrumentos de viento y de percusión difundidos por muchas zonas. Eran muchas las variedades de flautas, hechas con huesos o cañas, de trompetas construidas en arcilla o metal, o bien obtenidas a partir de conchas. A la izquierda, un típico conjunto instrumental de los Andes.

Los jesuitas

Influyeron en el desarrollo de la música de las poblaciones locales. Su influencia queda demostrada por la presencia de la entonación gregoriana en los cantos tradicionales más recientes.

Música
en el Nuevo Mundo

En el siglo XVI, la llegada al continente americano de los colonos españoles y portugueses trastornó la vida de las poblaciones indígenas, cuya cultura y cuyas tradiciones fueron sistemáticamente destruidas. Los misioneros religiosos también llevaron consigo un tipo de música europea, la polifonía, prohibiendo a los nativos ejecutar sus cantos y sus danzas. Posteriormente se introdujeron los instrumentos de cuerda, desconocidos en el continente americano, pero que tuvieron una rápida difusión y, en los siglos siguientes, estuvieron en la base del renacimiento de una cultura musical autónoma.

Instrumentos de cuerda
La habilidad de los nativos llevó incluso al nacimiento de nuevos instrumentos de cuerda hechos con caparazones de animales como el armadillo (charango).

La memoria
Unos niños pintan sobre una madera escenas que relatan la violencia de la conquista, un intento desesperado de conservar la auténtica memoria de aquellos trágicos acontecimientos.

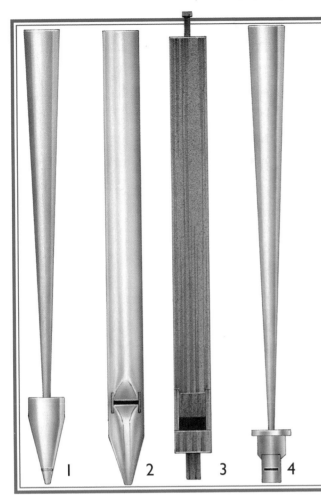

Los tubos del órgano

En cada órgano, los tubos tienen formas distintas según el sonido que deben producir. Hay tubos de alma (2) y tubos de lengüeta (1,4). Los primeros están abiertos en su parte superior y suenan por la vibración del aire producida en su interior mediante el corte practicado en su cuerpo. Son los registros de cuerda, flauta o trompeta. Los tubos de lengüeta son más cerrados y, con distintas soluciones, producen un sonido por la vibración de una membrana interna; corresponden a los registros del oboe y del corno inglés. Los tubos del bordón (3), de madera y de forma diversa, emiten la base armónica de la frase musical.

El soporte de los tubos

Es la base sobre la que se apoyan los sistemas de cañas y en cuyo interior se almacena el aire bombeado por los fuelles. Los tubos están dispuestos en hileras según registros.

Los fuelles

Garantizan la alimentación de aire en los tubos del órgano. Del buen funcionamiento de los fuelles depende la potencia del instrumento y la regularidad de la emisión del sonido.

Los elementos

En los órganos, los grupos de tubos se dividen en tres elementos: el principal, con los registros de base y más sonoros; el frontal, menos potente pero con más variedad de timbres, y el positivo, casi una miniatura del órgano completo, usado en diálogo con los otros dos.

Música y técnica

El progreso gradual del lenguaje musical se correspondió con un perfeccionamiento análogo en las técnicas de construcción de los instrumentos, que debían ser cada vez más precisos, afinados y potentes. En las nuevas catedrales del cristianismo se impuso, también en el mundo católico, el órgano, auténtico prodigio de la técnica medieval y renacentista.

Las teclas

Pulsando una tecla se acciona un sistema de válvulas que permiten el paso del aire hacia los tubos.

Consola y pedalero

La consola comprende el teclado, uno por cada elemento en que está dividido el órgano, y los tiradores para accionar los registros. Los pedales rigen los tubos de sonido más grave.

Los registros

Actuando sobre los tiradores de la consola, el organista selecciona el tipo de tubos que hace resonar y decide el tipo de sonido que quiere producir.

Bach

Descendiente de una antigua dinastía musical, Johann Sebastian Bach (1685-1750) pasó su vida al servicio de cortes y ciudades alemanas, recalando en 1723 en Leipzig, donde fue director de la principal capilla musical *(Thomaskirche)*. Además de a la música para la liturgia, se dedicó con extraordinario vigor a la evolución del lenguaje instrumental profano. Destacan en su producción *El clave bien temperado*, obra que inauguraba la literatura moderna para instrumento de teclado, y *El arte de la fuga*, obra maestra del contrapunto del siglo XVIII. A la izquierda, el monumento que la ciudad de Leipzig dedicó a Bach.

Händel

Pocos kilómetros separan Eisenach, donde nació Bach, de Halle, donde vio la luz Georg Friedrich Händel (1685-1759), pero la diferencia entre la vida y obra de ambos es grande. Händel se dedicó poco a la música de iglesia, mucho a los conciertos (en gran parte al aire libre) y muchísimo a la ópera. Tras viajar por Italia, en 1712 se trasladó a Inglaterra, donde trabajó también como empresario teatral y creó, con sus oratorios, las nueve reglas para la música sacra inglesa. Entre sus óperas destaca *Julio César* y entre los oratorios, *Sansón*. A la izquierda, Händel en un retrato de T. Hudson (Hamburgo, Staatsbibliothek).

La era del Barroco

El Barroco es la época artística de la Contrarreforma que asigna al arte el cometido de recuperar las conciencias de los fieles después del cisma protestante. Su finalidad es la de suscitar estupor y maravilla; las iglesias se llenan de este modo de decoraciones y de aderezos. En música, más que un estilo preciso, el Barroco indica una contaminación de lenguajes diversos: la danza, la teatralidad, el virtuosismo y el gusto por el espectáculo. La Iglesia sigue siendo el punto de referencia de la actividad musical, pero emerge asimismo una vida musical laica, la que se vive en las cortes, en los teatros y en las salas de concierto. Destacan dos protagonistas: Bach y Händel. Ambos nacieron en 1685, a poca distancia, pero no se conocieron nunca.

Desafíos musicales

En 1709, en un palacio de Roma, Händel entabló con el compositor Domenico Scarlatti (1685-1757) un típico desafío barroco entre virtuosos del teclado, que terminó en empate.

La Iglesia y el Barroco

En Roma, la cultura del Barroco renovó profundamente el lenguaje del arte y de la música sacra. La Iglesia fue uno de los principales estamentos de la época que encargó música a los compositores.

▐▐▶ Vivaldi

El veneciano Antonio Vivaldi (1678-1741) es el autor que más contribuyó a la difusión del estilo italiano en Europa. Escribió obras para el teatro, oratorios y otras piezas sacras, pero lo que le dio fama fueron los conciertos, publicados en recopilaciones que muy pronto fueron famosas. A la izquierda, en un presunto retrato anónimo.

▐▐▶ Corelli

El nombre de Arcangelo Corelli (1653-1713) está vinculado al *concerto grosso*, la forma musical para orquesta más importante de principios del siglo XVIII. Corelli trabajó en Roma pero, como Vivaldi, publicó sus *Conciertos* en recopilaciones que dieron la vuelta a Europa. A la izquierda, Corelli en un grabado de la época, Venecia, Museo Correr.

El estilo italiano

Un viento nuevo animó la música a principios del siglo XVIII: el estilo *cantabile* italiano, con su capacidad para expresar sentimientos y para evocar imágenes y sensaciones. El concierto, la forma típica de esta época, revalorizaba el papel de los instrumentos solistas que interpretaban la parte principal, dejando a la orquesta el papel del acompañamiento. En breve, los principios de este estilo se difundieron por toda Europa. La capital de esta música era Venecia, pero también Nápoles y Roma fueron centros importantes.

Venecia

La vida musical de Venecia se desarrollaba en los palacios, iglesias, conservatorios y en los muchos teatros de la ciudad, pero también al aire libre, especialmente durante el Carnaval, cuando las plazas quedaban invadidas por las máscaras y los sonidos.

Pintura musical

Para narrar una escena mediante la música, Vivaldi imitaba los sonidos de la naturaleza, pero también orquestaba nuevas formas de representación sonora. Los conciertos de Vivaldi a menudo presentan títulos que reproducen los temas de la pintura de la época.

Las cuatro estaciones

Vivaldi describió los distintos momentos del año como en una galería de cuadros: el *pizzicato* de los violines evocaba la lluvia; el frenesí de la orquesta, una tormenta, y las florituras del violín, el paso de un campesino ebrio.

El estilo francés

Al estilo *cantabile* de derivación italiana, Francia opuso una música basada en la danza, que floreció bajo el reinado de Luis XIV como instrumento de su poder absoluto. En su largo reinado (1661-1715), el Rey Sol se ocupó asimismo de los aspectos profesionales de la música: creó la primera academia de danza, fundó la mayor orquesta de cuerda de su época y centralizó el poder musical en las manos de Lully, el auténtico artífice del estilo francés.

Luis XIV

El rey, excelente danzarín, interpretó en 1651 el papel de Apolo en el *Ballet de las fiestas de Baco*, vestido con los símbolos del Sol, que a partir de entonces se convertiría en su emblema.

▮▮▶ Lully

Nacido en Florencia, Jean-Baptista Lully (1632-1687) llegó a los trece años a París. En sus tragedias líricas retomó la tradición del teatro francés y la asoció con una música nueva, llena de ritmo y de expresión. Sobre estas líneas, Lully en un grabado del siglo XVII.

▮▮▶ La *suite*

Era la forma de música instrumental que prevaleció en Francia. Consistía en una sucesión de danzas lentas y rápidas, nobles y campesinas, majestuosas e irónicas. Sobre estas líneas, Nicolas de Largillière, *Retrato de familia del Rey Sol*, Londres, Wallace Collection.

La danza

Luis XIV confió a un congreso de nobles el cometido de renovar la técnica de la danza.

⏸️▶ Instrumentos y música de época

Bajo el influjo de la sensibilidad romántica nació en el siglo XIX una tradición que confiaba la ejecución de la música barroca a las grandes orquestas modernas nacidas a partir de aquel siglo. A partir de la década de 1970 se ha ido afianzando en todo el mundo un nuevo modo de interpretar la música barroca, basado en el uso de los instrumentos de la época, originales o copias. Se trata de una recuperación del estilo antiguo en el modo de interpretar la música de aquella época, que ha conllevado el rechazo de aquella tradición. A la izquierda, un instrumento muy similar a la guitarra, la tiorba. A la derecha, una viola da gamba.

La luthería

La difusión de los instrumentos musicales requirió un perfeccionamiento en la construcción, que situó en primer plano la obra de los luthiers o violeros, que llegaron a un grado de habilidad todavía inigualado. Era la época de los grandes artesanos, de los luthiers, que controlaban el envejecimiento de la madera, la calidad de los barnices y de las cuerdas, pero que también experimentaban nuevos instrumentos, pocos de los cuales siguen usándose en la actualidad.

Los talleres

En la época barroca, la obra de los luthiers era tan importante como la de los músicos: de sus talleres salieron instrumentos de valor inestimable: laúdes, violines, violas, violoncelos… Antonio Stradivari, la figura más célebre, controlaba todas las fases de la elaboración.

Los materiales

Las cuerdas eran de tripa animal, a veces revestidas de plata o cobre. Los arquillos, de forma recta o convexa, se hacían con crin de caballo. Los barnices, a base de resina y aceites vegetales, eran fundamentales.

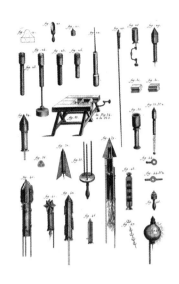

Los fuegos artificiales

Fueron introducidos en Europa desde China en el siglo XIV. Con ocasión de las grandes fiestas al aire libre de la época barroca, se construían pabellones de madera, proyectados por arquitectos y escenógrafos, a menudo incendiados al término de los espectáculos. Sin embargo, el fragor de los estallidos no perjudicaba la música, que era parte integrante de los festejos. Arriba, a la izquierda, fuegos artificiales en una gran fiesta de 1749. A la derecha, una página sobre los fuegos artificiales de la *Encyclopédie* de Diderot.

Música en los cafés

Tras salir de las cortes, de los salones privados y de las iglesias, antes de recalar en la sala de concierto, la música instrumental se difundió en los cafés, al aire libre o en su interior. A la izquierda de estas líneas, el Café Zimmermann de Hamburgo en un grabado de la época.

Música al aire libre

Además de ejecutarse en las iglesias, en los palacios y en los teatros, la música también se interpretaba en los jardines o en las plazas para celebrar acontecimientos especiales o cuando se organizaba un espectáculo como el de los fuegos artificiales. Para que la música al aire libre fuera eficaz, era necesario ampliar notablemente la orquesta, y recurrir a instrumentos más potentes, como trompetas, trombones y percusión.

Fiestas reales en Londres

Fue Händel quien escribió la música más importante para las fiestas de la corte de Inglaterra; en 1749, para celebrar la victoria en la Guerra de Sucesión Española, compuso la grandiosa *Música para los reales fuegos artificiales*.

l público

n Londres, las fiestas
e música al aire libre
n fuegos artificiales
s seguían multitudes
normes.

Fuegos y artificieros
Ráfagas con estelas
de fuego en cascada,
torbellinos de distintas
formas y colores eran
la parte esencial del
espectáculo pirotécnico
del que se ocupaban
las unidades de artillería
del ejército.

El oratorio

A mediados del siglo XVI, san Felipe Neri fundó en Roma la Congregación del Oratorio e introdujo una práctica musical para implicar a los fieles, sobre todo a los niños. El género, que recibió el nombre de oratorio, musicaba las vicisitudes de la historia sagrada extraídas del Antiguo Testamento, con distintas voces que cantaban los papeles de los personajes. De los Evangelios sólo se narraba la crucifixión de Jesús.

El coro

En el oratorio, el coro puede personificar a la multitud en la escena de los episodios bíblicos y evangélicos, pero también puede dar voz a la comunidad de los fieles, como sucede mayoritariamente en el ámbito protestante, entonando corale y plegarias colectivas.

Los personajes

El oratorio confió su fuerza comunicativa a la expresión musical de los personajes: san Pedro cantaba las arias más intensas y dolorosas, Jesús pronunciaba pocas palabras en tono solemne, un evangelista ejercía el papel de narrador.

Iglesia y teatro

Ninguna iglesia cristiana admitió jamás, en el interior de sus edificios, la representación de melodramas, pero el oratorio fue un medio de enriquecer las representaciones sacras y de facilitar que la música religiosa siguiera el desarrollo de la profana.

La orquesta

En los primeros oratorios romanos era muy simple y comprendía un clavecín y pocos instrumentos de cuerda.

El oratorio en tierras protestantes

En Inglaterra se afirmó, con Händel, el oratorio de argumento bíblico, en Alemania la Pasión, llevada por Bach a su máxima perfección. A la izquierda, Giotto, *Crucifixión*, fresco, 1302-1306; Padua, Cappella degli Scrovegni.

Las *Variaciones Goldberg*

Las *Variaciones Goldberg* (a la izquierda, la portada) de Bach giran en torno a un tema elaborado en 30 modos distintos. La tradición reza que las escribió para conciliar el sueño del señor Goldberg, la persona que, presuntamente, las encargó.

Federico II

En su residencia de Potsdam, cerca de Berlín, el rey había hecho construir una sala de música en la que organizaba conciertos o tocaba él mismo con sus invitados.

La ciencia de la improvisación

En la época barroca, la música se encontraba a medio camino entre ciencia y entretenimiento, entre cálculo matemático y habilidad práctica. Piénsese en la improvisación: la música escrita a menudo sólo se cifraba, y la libertad que se dejaba al ejecutante era muy grande. Pero la improvisación también era una disciplina severa, en la que contaban la lógica y el rigor de la elaboración.

La ofrenda musical

El 7 de mayo de 1747, Bach improvisó sobre un tema propuesto por Federico II. Así nació *La ofrenda musical*, monumento del barroco musical.

Los instrumentos de teclado

Al finalizar el siglo XVIII, el clavecín fue reemplazado por el fortepiano, que Federico II coleccionaba, y luego por un instrumento todavía más evolucionado: el piano.

La música especulativa

Junto al género sacro, a la ópera o al entretenimiento, en el Barroco se cultivó una idea de la música que la aproximaba a las matemáticas. El presupuesto era que la armonía y la relación entre las distintas partes de una composición derivaban de leyes de la naturaleza que el músico, como el científico, podía contribuir a conocer con una fuerza espiritual adicional, desconocida para la ciencia. Sobre estas líneas, página de *El arte de la fuga*, Leipzig, Bach Museum.

TEXT.

Ab 18. e piace 22. 3. Tromb x e Tamburi. 3. Viola e Violono.
Doi Obboe e Bassono. Doi Flutti e Violoncello. 4. Voci,
e 4. in Ripieno. con Basso per l' Organo.

I.
Tutti e animosi.

GOtt ist mein König von Alters her/ der alle Hülffe thut/ so auf
Erden geschicht. Psalm. LXXIV. 12.

II.
Air Tenor, con chorali in Canto.

Ich bin nu achtzig Jahr/ worüm soll dein Knecht sich mehr beschwe-
ren? laß mich umkehren/ daß ich sterbe in meiner Stadt/ bey meines
Vaters/ und meiner Mutter Grab. II. Samuel XIX. 31. 37.

Soll ich auf dieser Welt mein Leben höher bringen/
Durch manchen sauren Tritt hindurch ins Alter dringen/
So gib Gedult/ für Sünd und Schanden mich bewahr/
Auf daß ich tragen mag mit Ehren graues Haar.

III.
Fuga al ottaza à 4. voci.

El mercado editorial

Entre fines del siglo XVII y principios del XVIII, la música comenzó a salir de las cortes para abrirse a un mercado propiamente dicho. Los músicos empenzaron a ganar dinero: el melodrama daba beneficios con la ejecución en el teatro y la música instrumental con la venta de ediciones impresas. Pero el mercado no premiaba a todos: había músicos que, como Bach, no se preocupaban de las modas y quedaban relegados. A la izquierda, texto editado de la cantata *Dios es mi rey*, en la edición original de 1708 (Leipzig, Bachmuseum).

La edición musical

Hasta fines del siglo XVII, la edición de las obras musicales era más una excepción que una regla. Los procedimientos tipográficos, muy costosos, desaconsejaban la empresa. De todos modos, más tarde, con el nacimiento de un mercado musical europeo, se difundió la necesidad de disponer de las partituras de los grandes maestros; entonces nació una nueva técnica de impresión, la calcografía, que facilitó y rentabilizó la edición musical.

La calcografía
Era el grabado de los signos musicales sobre planchas de cobre. Era más precisa que el procedimiento con caracteres móviles de madera y abreviaba las fases de elaboración.

Los editores
Roger, en Amsterdam, y Walsh, en Londres, eran los editores más importantes del Barroco, y distribuyeron sus partituras por toda Europa.

LA ÉPOCA CLÁSICA

La época clásica fue al mismo tiempo un momento culminante y un punto de transición en la historia de la música. Culminante durante la misma, se desarrolló el lenguaje musical heredado del Barroco, suavizando los desequilibrios y perfeccionándolo hasta dar vida a formas nuevas, rigurosas y al mismo tiempo capaces de estimular la libertad creativa: la sonata, la sinfonía o el concierto con instrumento solista son la expresión típica del estilo clásico en su ápice.

De transición, porque se situó entre el momento en el que el músico todavía era un empleado de la corte y aquel en el que comenzó a vivir como profesional libre, y también entre el momento en el que su público se componía preferentemente por aristócratas y aquel en que las nuevas salas de concierto se llenaron de personas comunes, los burgueses.

LOS LUGARES DE LA MÚSICA

Teatros de ópera, salas de concierto, pabellones al aire libr[e] destinados a este fin y ambient[es] domésticos: en la época clásica [la] música diferenciaba sus género[s] según los lugares en los que s[e] interpretaba, y establecía con s[u] nuevo público, burgués o popular, una relación basada e[n] precisas reglas de mercado.

El telón de fondo
Una tela en el fondo del escenario podía constituir el decorado de la escena teatral.

La platea
Es la parte del teatro más baja, frente a la escena, y en la que se sitúan las butacas para el público.

Los palcos

Divididos en varios órdenes, según la capacidad del teatro, son pequeños espacios abiertos hacia el escenario.

El *foyer*

Es la entrada a la platea y a los palcos, donde el público se reúne durante los intervalos.

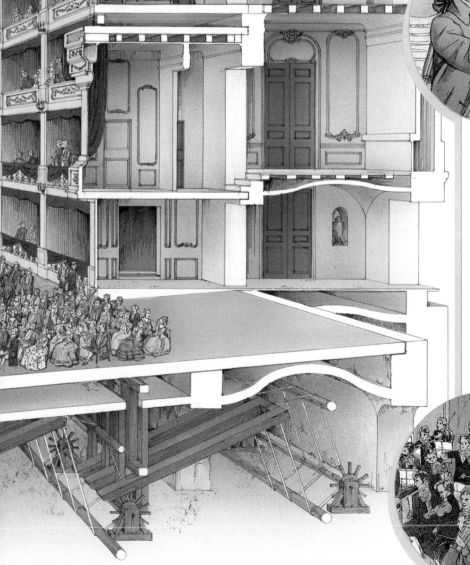

Desarrollo

Viena (66-67) fue la capital musical de la época clásica, un periodo que duró menos de un siglo, de mediados del siglo XVIII a las dos primeras décadas del XIX, pero que albergó la evolución rapidísima de la música, que devino una auténtica forma de espectáculo (68-69). Los protagonistas de esta transformación fueron, de un lado, tres autores: Haydn, Mozart y Beethoven, y, del otro, una serie de acontecimientos como el nacimiento de la orquesta moderna (70-71), la afirmación de la sinfonía (72-73), la evolución de nuevos géneros para la música de cámara (74-75) y del concierto, y la definición de estilos nacionales con óperas como *La flauta mágica* (78-79). En la culminación de la época clásica, la música se convirtió en un lenguaje que participó de diferentes maneras en la historia política y social (76-77): fue sobre todo importante la conquista de la libertad del músico (80-81), que ya no era un sirviente de cortes o mecenas; también fueron típicas de la época las fiestas musicales (82-83). La *Novena sinfonía* (84-85) de Beethoven fue la obra maestra que selló este momento extraordinario en el camino de la música europea.

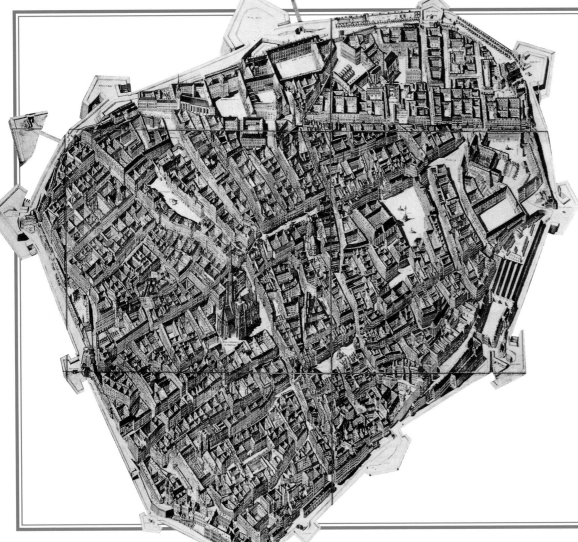

Viena

A fines del siglo XVIII Viena contaba con casi 250.000 habitantes, y era una de las mayores ciudades de Europa. Las antiguas murallas que la rodeaban ya no traducían la extensión real del territorio urbano, difundido ya hasta los suburbios. El principal lugar de encuentro de los vieneses en los días de buen tiempo era el Prater, jardín situado en la parte oriental de la ciudad, equipado con norias y atracciones para adultos y para niños, así como con pabellones específicos para la música al aire libre. A la izquierda, Viena en un grabado de 1785.

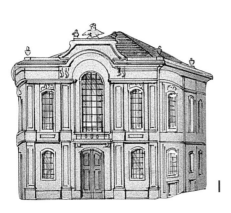

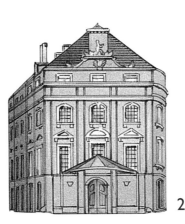

Teatros de corte

El Burgtheater (1) fue fundado por María Teresa en 1741, y José II, en 1776, lo transformó en Teatro Nacional, con el intento de promover la ópera y el drama alemanes. El Kärntnerthor (2) fue el principal teatro de corte, con una orquesta profesional y un rico programa de óperas serias, sobre todo italianas.

Los palacios de la burgues

A partir de los primeros años d siglo XIX, la burguesía vienesa, particular la financiera, organi en sus casas importantes vela musica

Palacios aristocráticos

Palacio Lobkowitz (1) y Palacio Razumosky (2). Los príncipes y los condes tenían a su servicio grupos orquestales, aunque más a menudo conjuntos de cámara (*véase* pág. 74).

La ciudad de la música

Entre fines del siglo XVIII y principios del XIX, Viena, la capital del imperio de los Habsburgo, también era la capital de la música europea, y un centro musical extraordinario y sofisticado. Los jóvenes artistas deseosos de promocionarse, de encontrar ricos mecenas y un público competente, no podían evitar, pues, el viaje a Viena, cuyo ambiente favorecía todo tipo de composiciones.

Los teatros periféricos

El Josefstadt Theater (1) y el Theater an der Wien (2) eran teatros privados que para que sus cuentas cuadraran preparaban espectáculos populares a partir de los que se representaban en los teatros de corte.

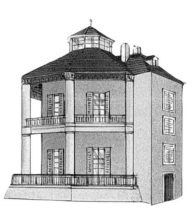

Los mesones

Estos locales, que eran los que preferían los músicos ambulantes, a veces también albergaban música culta.

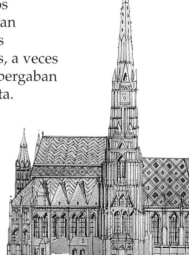

Los lugares para los conciertos

Los conciertos tenían lugar en los teatros o en lugares como el pabellón del Augartner (1), donde se organizaban ciclos de conciertos abiertos a todos los ciudadanos, y la Redoutensaal (2), sala de baile de la corte imperial.

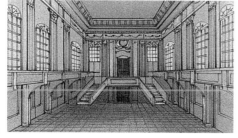

Música sacra

Se escribía en el respeto de la tradición católica y la interpretaban amplios conjuntos corales y orquestales, sobre todo en la catedral de San Esteban.

Mozart

Nacido en Salzburgo en 1756 y fallecido en Viena en 1791, Wolfgang Amadeus Mozart, a la izquierda en un retrato anónimo, fue el mayor talento musical de la época clásica. Este niño prodigio, dotado en cualquier género musical, unió arte culto y gusto popular, abriendo las fronteras de una nueva época.

El espectáculo de la música

Durante la época clásica, la música s[e] fue convirtiendo cada vez más en u[n] espectáculo destinado al gran públic[o] rompiendo los vínculos exclusivos c[on] la religión, con la vida de corte y con [las] ceremonias públicas que la habían caracterizado en los periodos anterior[es].

Mozart en Viena

Una vez hubo dejado el servicio en la corte arzobispal de Salzburgo, en 1782 Mozart se trasladó a Viena para intentar una carrera independiente. Su fortuna, en sus inicios, quedó asegurada gracias a los conciertos para solista, que llevó a cabo en veladas de pago.

▶ El concierto

El concierto para instrumento solista y orquesta fue uno de los productos típicos de la época clásica. En el curso de auténticos maratones musicales, las «academias», el concierto para solista era un acontecimiento altamente espectacular, ya que el intérprete-autor disponía de amplias zonas en las que librarse a la improvisación, las cadencias, en las que la orquesta permanecía en silencio y él exhibía todo su talento de virtuoso. El género del concierto militar, así llamado por la presencia de ritmos de marcha y de instrumentos de fanfarria (trompetas y timbales) se difundió particularmente.

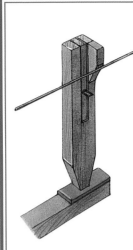

El clavecín
Durante el siglo XVIII, el instrumento de teclado más difundido fue el clavecín, cuyas cuerdas se pellizcaban mediante un plectro alojado en una pequeña vara de madera, el martinete, movido a su vez de abajo arriba a través de la tecla.

El piano
Las teclas actúan sobre un martillo que golpea la cuerda; variando la fuerza de la presión sobre el teclado se obtiene un sonido más o menos potente. Variando el piano y el forte, además de la dinámica, varían la expresión y la interpretación.

Instrumentos de viento
Consta de dos familias, madera y metal, determinantes para dar color y potencia al sonido orquestal.

Las familias de instrumentos
En la orquesta moderna todavía son las heredadas de la época clásica: cuerda, madera, metal y percusión.

Los instrumentos de cuerda
Se dividen en cinco secciones, y son la parte fundamental de la orquesta.

Primeros violines
Son el grupo principal de la orquesta.

Segundos violine[s]
Dialogan con los primeros, a los qu[e] están subordinados, o bien los dobla[n]

Instrumentos de percusión

Timbales, bombo, tambores y cajas. En la época clásica forman parte de la fanfarria militar, y más tarde se convertirán en un elemento central de la orquestación.

Instrumentos de madera

Es la familia de los oboes, clarinetes, flautas y fagotes, con todas sus variantes, instrumentos melódicos que también dan color a la orquesta.

La orquesta sinfónica

Nacida en la época clásica a partir del desarrollo de los conjuntos barrocos, en los tiempos de Haydn, Mozart y Beethoven la orquesta sinfónica podía contar hasta un máximo de 50 integrantes. Un siglo más tarde, Mahler escribiría sinfonías para más de 150 ejecutantes. Esta expansión refleja los grandes cambios que atravesó la música y sus instituciones en un breve lapso de tiempo.

Instrumentos de metal

Trompas, trompetas, trombones, fiscornos, bajos de tuba; los instrumentos de metal son los más potentes de la orquesta, cuya sonoridad y timbre refuerzan.

Violas

Menos sonoras que los violines; dan cuerpo al registro intermedio.

Violonchelos

Con su timbre bajo tienen una función armónica y melódica.

Contrabajos

Son las cuerdas más graves; sostienen la armonía, sin funciones de solista.

▶ Haydn

El compositor austriaco Franz Joseph Haydn (1732-1809) está considerado el padre de la sinfonía y del cuarteto para cuerda. Sus últimas sinfonías, ejecutadas por primera vez en Londres, son el modelo del estilo clásico.

La música absoluta

La afirmación de la sinfonía clásica dio vida a la idea de música absoluta, es decir, que se libera de las palabras y expresa sentimientos que superan las posibilidades de comunicación del lenguaje. A la izquierda, Edgar Degas, *Orquesta de la Ópera*, 1968-1969. París, Musée d'Orsay.

Los empresarios teatrales

Fueron empresarios como el inglés Johann P. Salomon los que ocuparon el lugar de los aristócratas a la hora de organizar temporadas de conciertos que llevaron a los autores ante un público más amplio.

La sinfonía

El género musical característico de la época clásica era la sinfonía. En ella, los instrumentos de la orquesta tocaban juntos, sin que destacara ningún solista. La sinfonía nació en Italia en plena era barroca, arraigó en el norte de Europa pero asumió su forma madura con Haydn, al que se considera padre del género. Fue él quien estableció la sucesión de cuatro movimientos que luego pasó a ser, durante mucho tiempo, canónica: un allegro de obertura, un tiempo lento, un minueto y un final animado.

Una alegoría

En un concierto celebrado en Londres, Haydn ilustró con las máscaras de las cuatro Gracias los caracteres de los cuatro movimientos de la sinfonía de estilo clásico vienés.

Las cuatro Gracias

Vivaz pero noble la primera Gracia, introspectiva la segunda, galante y carnavalesca la tercera, exuberante la última.

El cuarteto de cuerda desde la época clásica hasta Shostakovich

El cuarteto de cuerda es el género musical en el que los compositores se han expresado con mayor libertad de lenguaje y de forma. Así sucedió con Haydn, Mozart y Beethoven en la época clásica, y con Schubert, Schumann y Brahms durante el Romanticismo. Y así, en el siglo XX, sucedió con los compositores de la Escuela de Viena, Schönberg, Berg y Webern, mientras que Shostakovich compuso músicas tan personales que parecían páginas de un diario íntimo musical. A la izquierda, un cuarteto de cuerda. Viena, Museen der Staadt.

La música de cámara

Junto a las formas más espectaculares de la música, en la época clásica siguió vigente el gusto por un lenguaje más reservado, recogido y proclive a experimentar nuevas soluciones musicales. Este espíritu encontró su expresión en un género musical en particular, el cuarteto de cuerda, destinado a convertirse en un auténtico laboratorio de ideas.

Grandes músicos en cuarteto

En Viena, Haydn y Mozart se encontraron en más de una ocasión para tocar juntos en cuarteto, en casas privadas o en el taller de un luthier.

El cuarteto de cuerda

Dos violines, una viola y un violonchelo: esta es la formación de un conjunto que no conoce jerarquías y en cuyo seno cada instrumento dialoga equitativamente con los otros.

Música e historia

La Revolución francesa, que comenzó en 1789, puso en práctica lo que hasta entonces sólo eran ideas de los filósofos: contra los privilegios de la nobleza llevó al primer plano de la vida política a la burguesía y dio a los franceses, que antes eran tan sólo súbditos de un rey, la dignidad de ciudadanos iguales frente a la ley. La música desempeñó entonces un cometido a la vez antiguo y moderno: transmitir ideas, infundir coraje, proporcionar a una comunidad un signo de reconocimiento y de cohesión. Fue la época de las canciones patrióticas y de propaganda.

Las fiestas civiles

La Revolución exigía una adhesión total, e incluso creó un culto propio como el del Ser Supremo. Para la fiesta de 1794 se creó en París el escenario de una montaña en la que, junto a los protagonistas de la política, se situaban numerosos coristas. Al lado, una columna con instrumentistas de viento para sugerir las canciones a la multitud

La música del tercer estado

La sociedad francesa se dividía en tres órdenes: la nobleza, el clero y el tercer estado. La Revolución francesa se inició a partir de las reivindicaciones del tercer estado, es decir, de la burguesía, la capa más numerosa que había desarrollado sus propias actividades manufactureras y comerciales pero que carecía de una influencia efectiva en las decisiones políticas. La música revolucionaria se correspondía con las necesidades del tercer estado; era fácil de aprender y de difundir, coral y festiva.

Los textos y la música

Los textos revolucionarios loaban las virtudes cívicas y los derechos universales, es decir, a los héroes y los acontecimientos de la lucha política. La música procedía de arias ya populares. A la izquierda, Eugène Delacroix, *La Libertad guiando al pueblo*; 1830, París, Louvre.

Canciones revolucionarias

Eran símbolos de la Revolución canciones como la *Carmagnola*, danza popular rápida y con ritmo (a la izquierda, en una ilustración de la época), *La toma de la Bastilla* y *La marsellesa*, escrita en 1792 por C. Rouget de Lisle para la guerra contra Austria.

La Restauración

También el movimiento antirrevolucionario contó con su propia música: las victorias inglesas y rusas contra los franceses se celebraron con obras de carácter militar de autores como Haydn y Beethoven. A la izquierda, retrato de Carlos X de Francia.

⬛ Los estilos nacionales

▼ Durante todo el Barroco y la Ilustración, en el melodrama la música había hablado una lengua común y europea: el italiano, que se consideraba por excelencia la lengua de los sentimientos y del *bel canto*. A fines del siglo XVIII, en el momento en el que también las capas burguesas y populares se apasionaron por la música, la ópera cambió sus hábitos y comenzó a diferenciarse en estilos para los que se prefirió las lenguas nacionales, menos «cultas» pero más comprensibles que el italiano. En Alemania, en particular, se afirmó el *Singspiel*, una composición constituida por partes recitadas y cantadas, de la que nacieron no sólo *La flauta mágica*, sino también otras dos grandes obras maestras, como son *Fidelio* (1805) —arriba, en la ilustración— de Beethoven y *El cazador furtivo* de Weber (1821).

Una ópera popular

La flauta mágica, penúltima obra de Mozart, tuvo desde el principio un gran éxito, pues se dirigía a ese público popular al que hasta entonces se excluía del mundo del melodrama. La genialidad de Mozart consistió en crear una composición refinada con materiales pobres.

La flauta mágica

Dos años después de la Revolución francesa, en 1791, Mozart representó en Viena *La flauta mágica*. Esta obra fue importante en primer lugar porque tuvo un valor político, al ser portadora de los ideales de libertad de la época; en segundo lugar porque era una fábula, y por ello la apreciaba también un público popular; finalmente, consagraba un estilo musical «nacional», basado en la lengua y en las tradiciones de cada nación, ya sin el dominio internacional del italiano.

El argumento

La ópera narra el camino iniciático desde el mal hasta el bien de un joven príncipe, Tamino. El libretista fue Emanuel Schikaneder, propietario del Theater an der Wieden.

Ideas en forma de personaje
La Reina de la Noche encarna el mal.

El bien
Sarastro, sacerdote oriental, encarna el bien.

La bondad natural
La idea de la bondad natural del ombre está encarnada en Papageno, el personaje más popular.

Beethoven

Con la obra de Ludwig van Beethoven (1770-1827), la época clásica recala en el umbral de la modernidad. Beethoven revoluciona la sinfonía y la música de cámara, comenzando con las sonatas para piano. Con él, el compositor se convierte en un protagonista de la cultura, un intelectual independiente que ya no está al servicio de las cortes.

La libertad del músico

En el paso entre los siglos XVIII y XIX, el oficio del músico cambió en gran medida; cada vez se le consideraba menos un artesano y más un artista, en el sentido moderno del término, un intelectual al que se le requería que pensara con los sonidos. Por ello, la composición comenzó a exigir más tiempo que en el pasado, con la consecuencia de que los autores modernos escribían menos que antes. Beethoven fue el primero en recorrer íntegramente este camino, trabajando como músico independiente.

El estudio del compositor

Beethoven componía del alba al mediodía y, después de una parada por la tarde, desde el atardecer hasta bien entrada la noche, y a menudo trabajaba en más de una obra a la vez.

El catálogo

Aunque amplio, el catálogo de las obras de Beethoven es menos extenso que el de los autores precedentes en algunos casos: 9 sinfonías, 5 conciertos para piano y orquesta, 2 misas, un solo oratorio, una ópera. Las obras pianísticas y de cámara, por ejemplo las sonatas, los tríos, los cuartetos y los *Lieder,* son mucho más numerosos.

Cuadernos de apuntes y de conversación

Beethoven rellenaba sus cuadernos (muchos de los cuales se han conservado) con notas de trabajo y, cuando la sordera lo obligó a comunicarse escribiendo, con conversaciones.

La fiestas y la música

La vida musical no sólo tenía lugar en los conciertos y en el teatro de ópera, sino también en las distracciones de la vida cotidiana y en las fiestas, donde las antiguas danzas de tradición aristocrática se vieron reemplazadas rápidamente en la época clásica por un baile, el vals, considerado poco conveniente hasta fines del siglo XVIII.

El vals

Contacto físico entre la pareja que baila, vueltas vertiginosas que expresan un deseo de libertad y de sensualidad; estos son los elementos de un baile de derivación popular que conoció un gran éxito durante todo el siglo XIX.

▮▮▶ La apoteosis de la danza

Richard Wagner definió la sinfonía n.° 7 de Beethoven como «la apoteosis de la danza». Su música se basa, en efecto, en una fuerte pulsión rítmica, es decir, que parece derivar de un sentimiento de danza primitiva, orgiástica, en la que Wagner reconocía el propio origen de la música.

▮▮▶ Don Giovanni

En 1787, en la ópera *Don Giovanni*, Mozart dividió entre tres orquestas y tres grupos de bailarines los bailes de las diversas capas sociales: minueto para la nobleza, contradanza para los burgueses y *Ländler*, la forma arcaica del vals, para los campesinos.

La *Novena sinfonía*

Pocas composiciones influyeron tanto en la historia de la música como la sinfonía n.º 9 de Beethoven. La primera ejecución, en 1824, fue un shock; nunca, en una sinfonía clásica, se había oído una orquesta tan potente unida al coro y a las voces solistas, nunca el espíritu de la danza se había unido de tal modo al antiguo contrapunto. El himno final, sobre un texto del poeta Schiller, enlazaba con la tradición de los cantos revolucionarios, transformados en una oda a toda la humanidad.

Los directores

Beethoven participó en la primera ejecución, pero la sordera no le permitió comandar correctamente a la orquesta, que fue dirigida por los violinistas Umlauf y Schuppanzig. Al final, el público lo homenajeó agitando sombreros y pañuelos.

La primera ejecución

Tuvo lugar en Viena, en el Kärntnerthor Theater, el 7 de mayo de 1824, en el curso de un concierto que recabó un éxito clamoroso y en el que se presentaron asimismo partes de otra obra coral de Beethoven, la *Missa Solemnis*.

Coros y solistas
No están presentes en la sinfonía clásica, pero sí son frecuentes en la música revolucionaria francesa, en la que Beethoven pretende inspirarse.

La orquesta
Mucho más amplia que la tradicional: 24 violines, 10 violas, 12 violonchelos y contrabajos, los instrumentos de viento doblados, todo para conseguir un impacto sonoro nunca oído con anterioridad.

La *Oda a la alegría*
Para el texto del coro final de la *Novena*, Beethoven retomó, remodeló y, en parte, volvió a elaborar los versos de una oda del poeta alemán Friedrich Schiller (1759-1805), que había expresado en sus palabras los ideales de la fraternidad universal de toda una época. La elección de la melodía ocupó a Beethoven durante mucho tiempo: sus *Cuadernos* indican numerosas dudas y revisiones. Al final eligió un tema simple, breve, a medio camino entre el canto gregoriano y la música popular, un himno que se repite idéntico sin particulares complicaciones de desarrollo. Sobre estas líneas, Beethoven en un retrato de 1823 (Berlín, Staatsbibliothek).

LA GENERACIÓN ROMÁNTICA

Después de Beethoven se afirmó una generación de músicos que ya eran conscientes de practicar un arte no inferior al que siempre se consideró el más importante: la poesía. La generación romántica tuvo, pues, como principal preocupación la de crear una música que fuera sobre todo la expresión de los sentimientos. En este sentido, dicha generación elaboró a su manera los motivos de inspiración más profundos de la literatura europea contemporánea. La música, por otra parte, se convirtió en el arte por excelencia de la época, ya que se consideraba que era capaz de expresar toda la gama de emociones y de sensaciones que el hombre romántico andaba buscando, como la nostalgia, el deseo, la necesidad de infinito, la voluntad de apropiarse de la dimensión de lo fantástico y de los sueños.

EL LIED

El Lied *era el género predilecto del Romanticismo alemán, difundido en distintas formas en toda Europa. Se trataba de textos poéticos cantados con el único acompañamiento del piano, con melodías simples.*

El caminante

Uno de los temas característicos del Romanticismo fue el viaje sin meta del caminante que andaba en busca de sí mismo y abandonaba la seguridad del mundo burgués. El artista sin patria y sin morada se convirtió entonces en el símbolo ideal de una época.

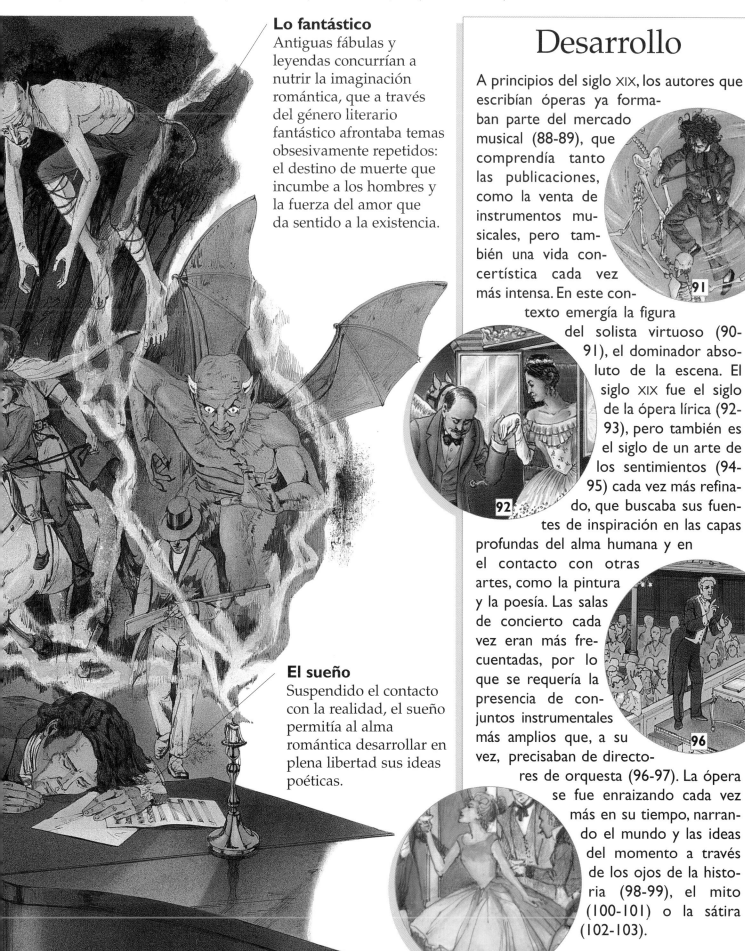

Lo fantástico

Antiguas fábulas y leyendas concurrían a nutrir la imaginación romántica, que a través del género literario fantástico afrontaba temas obsesivamente repetidos: el destino de muerte que incumbe a los hombres y la fuerza del amor que da sentido a la existencia.

El sueño

Suspendido el contacto con la realidad, el sueño permitía al alma romántica desarrollar en plena libertad sus ideas poéticas.

Desarrollo

A principios del siglo XIX, los autores que escribían óperas ya formaban parte del mercado musical (88-89), que comprendía tanto las publicaciones, como la venta de instrumentos musicales, pero también una vida concertística cada vez más intensa. En este contexto emergía la figura del solista virtuoso (90-91), el dominador absoluto de la escena. El siglo XIX fue el siglo de la ópera lírica (92-93), pero también es el siglo de un arte de los sentimientos (94-95) cada vez más refinado, que buscaba sus fuentes de inspiración en las capas profundas del alma humana y en el contacto con otras artes, como la pintura y la poesía. Las salas de concierto cada vez eran más frecuentadas, por lo que se requería la presencia de conjuntos instrumentales más amplios que, a su vez, precisaban de directores de orquesta (96-97). La ópera se fue enraizando cada vez más en su tiempo, narrando el mundo y las ideas del momento a través de los ojos de la historia (98-99), el mito (100-101) o la sátira (102-103).

El mercado de la música

La independencia de pensamiento de la generación romántica y el nuev papel de la música en la vida cultura se apoyaron en el desarrollo de un mercado en el que no había lugar ta sólo para la escucha, sino también para la práctica musical. El piano se convirtió de esta manera en el instrumento ideal para muchos aficionados de excelente nivel que querían ejecutar música en casa, en salón, en las reuniones entre amigo: y en las veladas de lecturas poéticas

▐▐▶ La literatura pianística

La música para piano conoció en el siglo XIX una fuerte diversificación de géneros y de técnicas. La forma clásica de la sonata todavía se cultivaba, aunque de modo marginal y modificando cada vez más sus contornos, como sucedió con Franz Liszt . En cambio, se difundieron composiciones más libres, como las fantasías, es decir, breves composiciones basadas en la improvisación; Schubert y Schumann cultivaron ambos géneros. Chopin recuperó el gusto por la danza popular, escribiendo baladas, mazurcas, valses y también breves nocturnos de carácter intimista. Entre los géneros más importantes destacaban los estudios de concierto, piezas de bravura que cimentaron asimismo una nueva técnica de ejecución que, basándose en una definición de Liszt, se llamó «trascendental».

Los comercios y las editoriales

Florecieron los comercios en los que se compraban instrumentos y partituras. La venta de los pianos conoció un auténtico boom, mientras que los editores publicaron a los autores más solicitados en colecciones económicas.

Las predilecciones del público
Ya en vida se consideraba a
Beethoven un clásico. Pero los
aficionados también pedían
música nueva, y apreciaban a
Chopin y a Schumann, mientras
descuidaban a Schubert.

A favor y en contra del virtuosismo

Desde su aparición, el virtuosismo desencadenó polémicas; se dijo, por ejemplo, que los virtuosos consideraban la música únicamente un medio para sus espectáculos o bien que escribían música «contra» los instrumentos, dado que querían doblegarlos a usos y a sonoridades extremas. Paganini, por ejemplo, no dudaba, en concierto, en tocar con una sola cuerda o en imitar con el violín los cantos de los animales. A favor de los virtuosos se encontraban quienes los consideraban la última frontera de la libertad musical, dado que podían interpretar y escribir piezas que estaban más allá de toda preocupación técnica en lo referente a la ejecución. Sobre estas líneas, Franz Liszt.

El virtuoso

Junto al espectáculo de los conciertos, también nació un regimiento de nuevos divos que se afirmaron mediante el valor en parte escénico de sus ejecuciones: eran los virtuosos. En el siglo XVIII, estas formas de divismo estaban reservadas en general a los cantantes. En el siglo XIX, con la nueva importancia que adquirió la música instrumental, los grandes solistas fueron los que ocuparon la escena.

Niccolò Paganini

Este genovés (1782-1840) fue el violinista más célebre de su época. Su habilidad y su energía en escena eran tales que muchos de sus contemporáneos consideraban que había hecho un pacto con el diablo. En el periodo de su máxima actividad celebró 150 conciertos anuales en toda Europa. Sus *Caprichos* para violín solista fundaron la técnica moderna del instrumento.

El recital
Paganini al violín y Liszt
al piano fueron los primeros
en interpretar en el teatro
veladas de las que eran
absolutos protagonistas
(recital), interpretando música
propia y de repertorio.

El triunfo de la ópera

El siglo XIX tuvo en la ópera la forma de espectáculo más importante, discutida y frecuentada, pero los teatros también eran un importante lugar en el que encontrarse. En el siglo XVIII, la ópera trataba generalmente temas extraídos de la mitología griega o de la historia antigua. En el siglo XIX, comenzó a hablar del mundo contemporáneo, introduciendo en escena los dramas, los sentimientos y las ideas.

El teatro de la Scala de Milán
Inaugurado en 1778, en el siglo XIX se convirtió en el templo de la lírica; para los autores y los cantantes, un éxito en la Scala era la etapa necesaria para una fortuna análoga en Europa.

Cantantes y divos

El divismo de los cantantes creció con la difusión de la ópera. Cuando llegó a la Scala la soprano Giuditta Pasta, primera intérprete de la *Norma* de Bellini (1831), todo Milán participó en el acontecimiento y la homenajeó delante del teatro.

Vincenzo Bellini (1801-1835) y Gateano Donizetti (1797-1848)

Fueron los representantes más destacados de la ópera romántica italiana. Sus temas remitían a menudo a la novela europea contemporánea. Sobre estas líneas, Donizetti.

Carl Maria von Weber (1786-1826)

Fue el primer operista alemán puramente romántico: *El cazador furtivo* (1820) inauguró la moda de las óperas sobre tema fantástico y popular.

Giacomo Meyerbeer (1791-1864)

Alemán de nacimiento, fue el iniciador, en París, de la *grand-opéra* francesa, fastuoso espectáculo con amplias partes de danza, inspirado en temas y personajes históricos.

Gioachino Rossini (1792-1868)

Compositor italiano; en su música se dan cita la ópera del siglo XVIII y la del XIX. Se retiró de la escena con tan sólo 36 años, al dejar de considerar «suya» la época del Romanticismo.

▮▮▶ El poema sinfónico

Compositores románticos como Schubert y Schumann (a la izquierda) también escribieron sinfonías que respetaban algunos cánones clásicos, por ejemplo la articulación en cuatro movimientos, y lo mismo hizo, más tarde, Johannes Brahms. Otra corriente estética en la que prevaleció el acercamiento a la poesía se inclinó, en cambio, por un nuevo género, el poema sinfónico. El primer ejemplo fue la *Sinfonía fantástica* (1830) de Berlioz, para la cual el autor publicó un «programa» que ilustraba el paralelismo entre las ideas musicales y una inspiración literaria, narrativa. El autor más prolífico de poemas sinfónicos fue Richard Strauss, que para sus obras empleó diversos motivos de inspiración: desde leyendas populares, como *Till Eulenspiegel* (1895), hasta poemas filosóficos, como *Así habló Zaratustra*, de Friedrich Nietzsche (1896).

Un arte de los sentimientos

Coherentemente con sus ideales, la música romántica intentó dar forma a todo lo que se agitaba en el alma de los individuos: amor, dolor, esperanzas, soledad, locura, coraje, melancolía, felicidad… Frente al ímpetu de los sentimientos, las viejas formas de la época clásica se revelaron inadecuadas, demasiado rígidas, y cedieron su lugar a nuevos modelos.

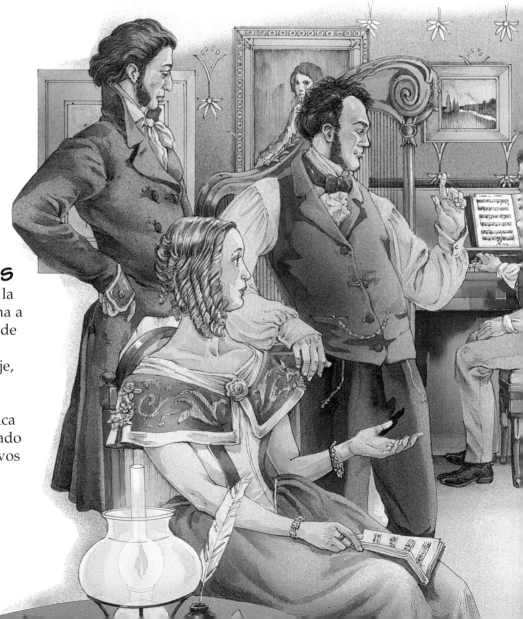

Poesía y música

Los encuentros domésticos en los que participaban Schubert y sus amigos, poetas y músicos, recibieron el nombre de Schubertiadas. Eran el modelo de las reuniones musicales de la época: se cantaban *Lieder*, se leían poesías y se realizaban improvisaciones al piano.

Impromptus y nocturnos

Fueron las nuevas formas más importantes de la literatura pianística; en lugar de las plásticas arquitecturas de la época clásica, que se orientaban hacia la belleza y la armonía del conjunto, se prefirieron piezas breves, en las que las ideas tenían justamente más importancia que la elaboración.

Directores de orquesta

La figura del director de orquesta estaba destinada a ocupar el centro de la vida concertística. Situado sobre un podio, el director controlaba que todos los músicos ejecutaran correctamente su parte y decidía el carácter de cada interpretación. Su presencia acabó siendo necesaria debido al aumento del número de músicos, que provocó que el conjunto de la orquesta fuera cada vez más complejo.

Felix Mendelssohn
Fue uno de los primeros autores que se dedicó a la actividad de director.

Las grandes orquestas
En el siglo XIX se fundaron sociedades de conciertos y formaciones orquestales que aún hoy siguen siendo célebres, como las Filarmónicas de Berlín y de Viena.

▐▐▶ El nacimiento de una profesión

La profesión de director de orquesta es bastante reciente, si bien el nombre que se da a su gestualidad, la quironomía, deriva de la Grecia antigua. En el siglo XVII se golpeaba el suelo con un bastón para marcar el ritmo. Luego fue el primer violín quien indicaba el *tempo* con el arquillo, mientras que, muy a menudo, se dirigía la formación orquestal desde el puesto de clavecinista. A partir del siglo XIX apareció la figura del director profesional, que ya no era un músico de la orquesta o el autor de la obra que se interpretaba, sino un músico especializado que ejecutaba obras propias o de otros compositores. Bajo estas líneas, el director de orquesta italiano Claudio Abbado (1933).

La ópera, historia del presente

En el siglo XIX la ópera se ocupó en gran medida de los problemas del mundo, desde la relación entre el individuo y el poder hasta las luchas por la independencia nacional, pasando por la necesidad de libertad y por los cambios en la indumentaria.

La censura

En el siglo XIX, los autores de óperas, los compositores y los libretistas, a menudo se vieron controlados por las oficinas de censura, que en todos los estados de Europa velaban por el tratamiento que se daba en el escenario a los monarcas y a las autoridades. A la izquierda, el emperador de Austria, Francisco José, según un retrato de E. Engerth.

Giuseppe Verdi (1813-1901)

Aunque trataba preferentemente temas del pasado histórico y literario, la música de Verdi se dirigía a las cuestiones del presente. Sus obras traducían una conciencia laica y un credo político republicano.

La traviata

Con *La traviata* (1853) Verdi puso en escena un argumento contemporáneo, en el que el público de la época se sentía implicado: el relato del amor trágico entre Violetta y Alfredo, una cortesana de alto rango y un joven burgués, se convirtió, en efecto, en una crítica de la moral común. Sobre estas líneas, boceto para el acto II.

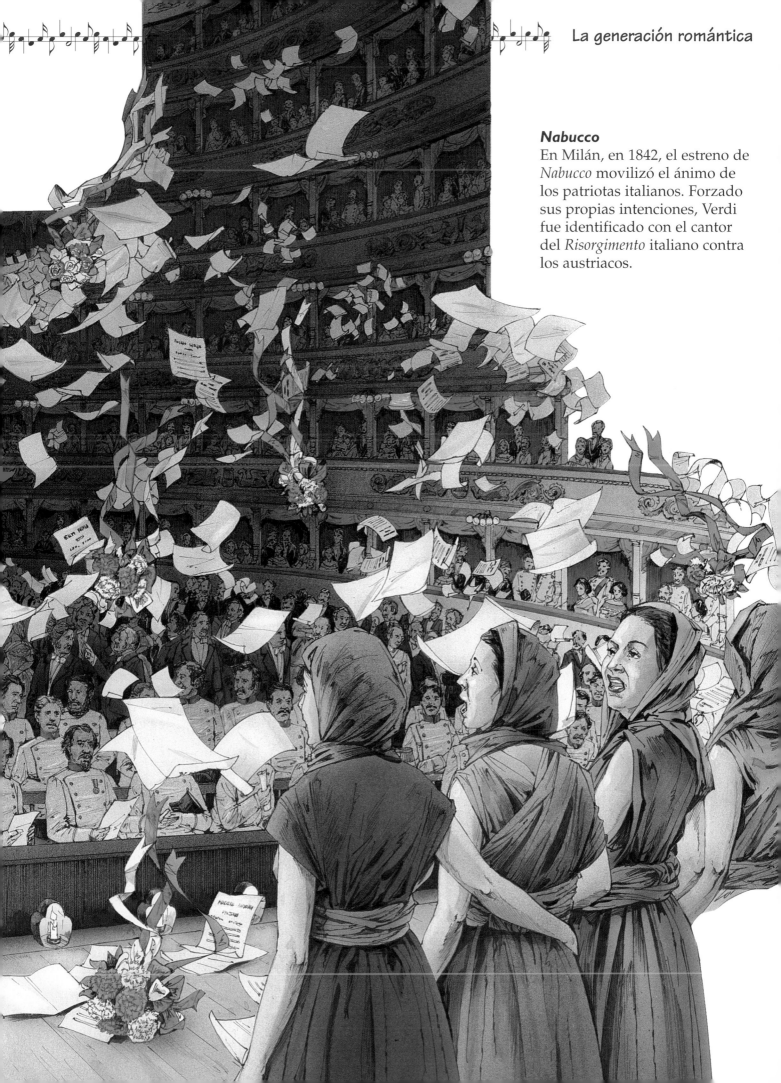

Nabucco

En Milán, en 1842, el estreno de *Nabucco* movilizó el ánimo de los patriotas italianos. Forzado sus propias intenciones, Verdi fue identificado con el cantor del *Risorgimento* italiano contra los austriacos.

La ópera, mito del presente

Otro camino para representar en la ópera los problemas y la sensibilidad del mundo contemporáneo fue el que recorrió Richard Wagner. En sus óperas se representa el choque entre el individuo, con su aspiración al amor y a la libertad, y el poder que destruye los sentimientos y que, por ello, es hostil a los hombres. Wagner llevó a escena estas ideas narrando antiguos mitos de la tradición germánica, recuperados gracias a fuentes de la época medieval.

Richard Wagner (1813-1883)
Escribió él mismo los libretos de sus obras e imaginó a la música como «obra de arte total», es decir, como rito fundador de una nueva cultura.

Bayreuth

Con el apoyo del rey de Baviera, Wagner hizo construir en esta pequeña ciudad un teatro adecuado a su concepción de la ópera: no había palcos, sino una única platea; la orquesta estaba oculta a la vista del público, y en la sala se podía obtener una oscuridad total.

El festival

Inaugurado en 1876, el teatro de Bayreuth, en Alemania, alberga todavía, cada año, un festival dedicado a las óperas de Wagner.

▐▐▶ *El anillo del Nibelungo*

Subdividido en cuatro óperas, se inspira en un poema épico de la tradición germánica y narra la historia del mundo a través de la sed de poder que domina a los dioses y a los hombres, arrastrándolos hacia la catástrofe. Wagner trabajó en esta obra de 1848 a 1874. Sobre estas líneas, H. Hendrich, *Sigfrido lucha contra el dragón*.

▐▐▶ Nietzsche contra Wagner

El filósofo Friedrich Nietzsche (1844-1900) admiraba a Wagner, pero difería de él en cuanto al tema de lo sagrado. Nietzsche rechazaba los valores de la moral cristiana que Wagner proponía en su ópera *Parsifal*, de 1882 (arriba, una escena).

Música y entretenimiento

Junto a las formas serias de la ópera, de la sinfonía o del concierto, la historia musical se desarrolló sobre todo en los lugares de diversión, como el teatro satírico o las fiestas con baile. En el siglo XIX, en estos ámbitos trabajaron compositores de excepcional talento, aclamados por el público pero tratados con desconfianza por la crítica. Fue ejemplar el caso de Johann Strauss hijo (1825-1899), a quien se deben operetas extraordinarias, como *El murciélago*, y valses muy conocidos, como *El Danubio azul*. A la izquierda, baile de corte en una pintura del siglo XIX.

La opereta, sátira del presente

La sátira era otra de las claves con las que la ópera intervenía en la cultura del presente. En este caso, la crítica social ejercida por la ópera se servía de los instrumentos del ridículo y de la caricatura. En Alemania y en Francia, en particular, la opereta difundía una versión humorística de las costumbres burguesas. El rey de la opereta era Jacques Offenbach, cuyo espíritu irritaba o divertí a los parisinos, según si se reconocían más o menos en él, pero cuya música convencía a todos los entendidos.

París

Con *La vie parisienne* (1866), Offenbach desnudó los vicios y las exageraciones de la que había se había definido como «la capital del siglo XIX». Los personajes que aparecían en escena eran idénticos al público del teatro.

El dandy

Era la figura típica de la sociedad francesa de su tiempo: elegante, a la moda, refinado, consideraba que su propia vida no difería mucho de una comedia en la que siempre era el protagonista.

Las bailarinas

n la opereta, el baile
ormaba parte de un
spectáculo brillante
de entretenimiento;
pero más que la
danza, lo que
teresaba al público
masculino eran las
ilarinas, a menudo
homenajeadas con
brindis en medio
de una escena.

Jacques Offenbach (1819-1880)

Dominador del mundo de la opereta,
también era autor de *Los cuentos de
Hoffmann*, obra maestra de la ópera
romántica.

EL SIGLO XX

La situación musical del siglo XX se caracterizó por una aceleración impresionante de la tecnología, del consumo, de las comunicaciones; en resumen, de todo lo que facilitaba el acceso de la música a todo el mundo. La grabación discográfica permitió que cualquier persona y en cualquier momento del día pudiera escuchar no sólo las obras maestras del pasado, sino también las músicas de todos los pueblos de la tierra. La realidad de la música dejó entonces de estar dominada por un único modelo, el de la tradición occidental, y registró una multiplicidad de géneros musicales que reivindicaban una dignidad idéntica en el terreno artístico: del jazz al rock, pasando por la música pop o la música étnica.

UN MERCADO MUNDIAL

Los viajes transoceánicos de los grandes artistas europeos indicaban, a principios del siglo XX, el nacimiento de un mercado mundial de la música. Y si al principio el flujo se produjo desde Europa hacia América, pronto se recorrió también el camino retorno: la música norteamericana influyó durante todo un siglo y se difundió por Europa y por todo el mundo.

Giacomo Puccini (1858-1924)

Autor de óperas líricas de gran éxito, como *Tosca* (1900), Puccini tenía una gran intuición para las novedades de la música, aunque también del teatro y del espectáculo. Su ópera *La fanciulla del West*, interpretada en Nueva York en 1910, anticipaba todo el filón del cine del lejano Oeste.

Directores y cantantes

Arturo Toscanini y Enrico Caruso zarparon hacia Estados Unidos; fueron los primeros símbolos de una época en la que los directores de orquesta y los cantantes se convirtieron en divos internacionales.

Desarrollo

El siglo xx fue un siglo de grandes cambios: desde el advenimiento de la sociedad de masas hasta el crecimiento de la industria, pasando por la expansión de las metrópolis y el nacimiento de nuevos medios de comunicación. La música de la primera mitad del siglo expresó con fuerza los traumas que de ello se derivaron (106-107), pero también ilustró esperanzas de renovación cultural y social con las vanguardias (108-109). La difusión del disco dio una amplia circulación, desde Estados Unidos, a esa gran síntesis de la música africana y europea que es el jazz (110-111), del mismo modo que el nacimiento del cine ofreció a la música un nuevo ámbito de aplicación (112-113). Tras la Segunda Guerra Mundial recibió los principios del sistema productivo, organizándose como una industria (114-115). Y pronto estalló el rock (116-117), fenómeno musical y cultural del mundo juvenil cuyo símbolo fue el gran festival de Woodstock (118-119). Hoy, la difusión de las músicas de todo el mundo ha dado origen a la World Music (120-121), fenómeno destinado a influir en la música pop.

Los traumas de la modernidad

La música fue uno de los primeros fenómenos culturales que acogió el fin de una época y el advenimiento de un mundo nuevo. La gran industria, el progreso tecnológico, la Primera Guerra Mundial y la Revolución rusa fueron acontecimientos traumáticos ante los que la música reaccionó proponiendo sonoridades que remitían a un pasado muy lejano, bárbaro, o bien apropiándose de las novedades de la modernidad. En París, en 1913, Stravinsky presentó el ballet *La consagración de la primavera*. La música era violenta, tribal, un trauma musical, en este caso, que en el teatro cosechó un estrepitoso fracaso.

Las percusiones
En *La consagración de la primavera* son numerosas y fundamentales para marcar el ritmo con fuerza.

Sergei Diaguilev (1872-1929)
Empresario y director de la compañía de los *Ballets Russes*, en París, fue uno de los primeros en apoyar Stravinsky y en defenderlo de los ataques del público.

Igor Stravinsky (1882-1971)
Agredido e insultado en el teatro a raíz del estreno de *La consagración de la primavera*, sufrió un fuerte shock.

Ritmo, melodia y orquestación
Son los elementos básicos
de la música de Stravinsky,
que simplificó la melodía en
favor de la complejidad rítmica.

▶ Primitivismo y elementos bárbaros

Después de Stravinsky, la barbarie pagana, sus ritos propiciatorios y sus gestos violentos se pusieron de moda no sólo en la música, sino también en la pintura y en la literatura. La elección de un estilo «salvaje» era una protesta contra los esquemas existentes, inspirándose en una visión pesimista de la modernidad. Sobre estas líneas, boceto de 1913 para un cuadro de la segunda parte de *La consagración de la primavera*.

▶ Sonidos concretos

A principios del siglo xx cambió el paisaje sonoro de la vida cotidiana, cada vez más condicionado por los ruidos de una civilización industrial en rápido desarrollo tecnológico. Introducir en la música sonidos concretos de la metrópolis o de los objetos cotidianos se convirtió en un desafío para muchos autores. Sobre estas líneas, postal de principios de siglo.

Dodecafonismo

El dodecafonismo de Schönberg (retrato de la izquierda) asignaba a las 12 notas de la escala la misma dignidad, eliminando la distinción entre consonancia y disonancia, es decir, entre combinaciones de sonidos «naturales» o «innaturales», agradables o desagradables, sobre las que se basaba la armonía tonal desde la época barroca.

Orquestación

A principios de su carrera, Schönberg elaboró soluciones innovadoras en el uso de la orquesta, pequeña y grande; su música procedía por manchas de color, y no tanto por un desarrollo de la melodía.

Arnold Schönberg (1874-1951)

Fue el líder de la Escuela de Viena. Sus alumnos fueron Alban Berg y Anton Webern. Con el advenimiento del nazismo emigró a Estados Unidos.

Futurismo

Movimiento estético nacido en Italia y en Rusia con la idea de acoger en música ruidos y sonidos de la civilización industrial.

Erik Satie

Contra la complejidad del arte de vanguardia se afirmó una necesidad de simplificación que afectaba a todos los aspectos de la música: armonía, instrumentación y ritmo. El francés Erik Satie (1866-1925) fue el pionero de esta tendencia. A la izquierda, Satie en un retrato de Antoine de la Rochefoucauld.

Las vanguardias

Durante los años de la Primera Guerra Mundial, el lenguaje musical dejó de seguir un recorrido único y adoptó varias direcciones. En Viena, Schönberg y sus alumnos comenzaron la exploración del mundo sonoro atonal, del que nació el dodecafonismo, primer intento radical de cuestionar el sistema musical que se había afirmado en Europa en la época de Bach. Tanto en música como en las otras artes, crecieron las corrientes de vanguardia, que se proponían anticipar el arte del futuro.

La luna
Símbolo de la noche y de la locura, la luna se convirtió en la obra de Schönberg en un elemento irreal y macabro; al final, Pierrot veía como se destacaba sobre su vestido una «mancha blanca de luna» que lo perseguía.

Abstracción musical
En 1912, Schönberg dirigió en Berlín *Pierrot Lunaire*, composición con la que inventó una nueva forma de «canto hablado» y se orientaba hacia una forma de abstracción a partir de la cual, más adelante, nacería el dodecafonismo.

Pierrot
Payaso sonámbulo, loco y atolondrado, en el que el artista se reflejaba a sí mismo.

Minton's Club

En este pequeño restaurante de Harlem, en Nueva York, confluían a altas horas de la noche los músicos que habían actuado en salas más importantes como el teatro Apollo. Nacían entonces, de forma espontánea e improvisada, ejecuciones musicales memorables.

Jam Session

Así se llamaban los encuentros entre músicos de jazz que tenían lugar, generalmente, en el interior de locales en los que se tocaba, sin límite de tiempo y con cualquier tipo de formación instrumental.

Charlie Parker
(1920-1955)

Su apodo era Bird, y su modo de tocar el saxofón tuvo un papel fundamental en la historia del jazz.

Thelonius Monk
(1917-1982)

Este pianista coincidía después de la Segunda Guerra Mundial en el Minton's Club con Dizzy Gillespie (trompeta), Coleman Hawkins (saxofón), Kenny Clarke y Max Roach (batería).

El jazz

En Estados Unidos, en los años de entreguerras, se afirmó una nueva música, fusión de sonoridades africanas y de la cultura musical europea: el jazz. Surgió en Nueva Orleans, donde ya a fines del siglo XIX habían nacido las primeras orquestas de metal, formadas por seis o siete músicos y basadas en un nuevo estilo de improvisación y en el imparable sentido del ritmo. En la América que salía de la Gran Depresión de fines de la década de 1920, el jazz triunfaba y comenzaba no sólo a difundirse en Europa, gracias al disco, sino también a «contaminar» la actividad de los músicos de formación clásica, muchos de los cuales se vieron influidos por las novedades del jazz.

El free jazz
Nacido durante la década de 1960, el free jazz («jazz libre») se liberaba de los esquemas armónicos del jazz anterior a él e, incidiendo en sus raíces afroamericanas, renovaba el ritmo y la fisonomía del sonido. Entre sus principales pioneros estuvo Ornette Coleman (saxo).

Coincidencia de generaciones
En los locales se reunían a menudo los maestros de las viejas y de las nuevas generaciones: escucharon tocar a Charlie Parker Louis Armstrong (trompeta), símbolo del estilo de los orígenes, y John Coltrane (saxofón), jefe de fila del nuevo jazz experimental.

Jazz y literatura
El jazz, música poco formalizada, que deja sus huellas no sólo en los discos y en la memoria, ofrece a la literatura historias, personajes y nuevas técnicas narrativas.

Música y cine

En el siglo XIX, el cine suplantó el papel que había desempeñado la ópera en el siglo anterior. En la época del cine mudo, la música acompañaba las escenas y se ejecutaba en vivo, en la sala, a cargo de una pequeña orquesta o un pianista. Sin embargo, con el advenimiento del cine sonoro, la banda sonora se convertía en parte integrante del cine.

▐▐▶ Cine y música de vanguardia

Música de vanguardia y cine han tenido una relación estrecha; momentos de suspense o ambientes de ciencia ficción podían ser, de hecho, más eficaces y sugestivos gracias a fragmentos musicales que de otro modo eran bastante difíciles de escuchar. Sobre estas líneas, una imagen de *2001: odisea en el espacio* (1968).

▐▐▶ El musical

El musical americano, espectáculo que integra danza y canto, y que se afirmó en los teatros de Broadway, en Nueva York, estuvo también en el origen de la única forma de cine musical que se desarrolló de manera autónoma, con fuertes repercusiones en la historia del jazz y de la canción. Sobre estas líneas, una escena de *West Side Story* (1961).

Aleksander Nevsky

Ultimada en 1938, fue la película de Eisenstein para la cual Prokofiev escribió su banda sonora más importante, interpretada hoy en concierto en forma de cantata.

Sergei Eisenstein (1898-1948)

Este genial teórico y máximo exponente del cine ruso realizó películas legendarias, como *El acorazado Potemkin* (1925) e *Iván el Terrible* (1946).

El montaje

El director cortaba con las tijeras los fotogramas de la película para organizar la secuencia de imágenes; el músico ensayaba con el piano el comentario sonoro: ambos trabajaban estrechamente para sincronizar escenas y partitura.

Sergei Prokofiev (1891-1953)

Músico completo, escribió para la ópera *Guerra y paz*, inspirada en la novela de Tolstoi.

Reproducir la música

La posibilidad de escuchar música reproducida a través de los medios de la radio, el disco y la televisión ha modificado sin duda nuestro modo de aprehenderla, de comprenderla y de consumirla. En el curso del siglo XX la industria discográfica ha adquirido un gran poder, capaz de influir en los gustos, promover modas culturales y construir personajes de éxito.

La radio

Para muchos, la radio es la banda sonora de cada día, para otros una fuente de descubrimientos. En 1951, en los micrófonos de la emisora estadounidense WINS, Alan Freed inventó una nueva manera de presentar la música, con un estilo que anticipa al actual DJ (disc jockey).

45 revoluciones

Los viejos discos de 78 revoluciones por minuto, de goma laca, fueron sustituidos por los de resina sintética (vinilo). El vinilo, más resistente, permitía reproducir, especialmente en la versión reducida, a 45 revoluciones por minuto, que fue durante casi treinta años el soporte más vendido para la música joven.

Las clasificaciones

En la década de 1950 nacieron también las clasificaciones de discos más vendidos, publicadas por primera vez en la revista estadounidense *Billboard*.

▐▌▶ De la cera al láser

Transcurrieron poco más de cien años desde el rollo de cera empleado en el fonógrafo de Edison (1877) hasta la tecnología láser del CD (1980), pero en este lapso de tiempo todo ha cambiado: desde los micrófonos hasta los sistemas de grabación y reproducción de sonido.

▐▌▶ El caso Napster

La posibilidad de masterizar CD en casa, unida a la disponibilidad de archivos musicales en internet, constituye un riesgo para los derechos de propiedad de las casas discográficas. Es ejemplar el caso Napster, portal que reunía música que todo el mundo podía descargar en su ordenador. Una sentencia judicial condenó a Napster, pero algunas casas discográficas intentaron llegar a un acuerdo, conscientes de que las prohibiciones legales no podían por sí solas detener un fenómeno que crece de forma espontánea.

El rock

Después de la Segunda Guerra Mundial, en primer lugar en Estados Unidos y luego en Europa, estalló el fenómeno del rock, una música destinada a trastornar el mercado y el mundo juvenil. El primer rey del rock fue Elvis Presley. Pero el rock también está vinculado al movimiento de ideas que, en la década de 1960, encontró su expresión más directa y eficaz en la sensación de rebelión y de libertad que ofrecía aquella música.

Los Beatles

Cuatro jóvenes de Liverpool –John Lennon, Paul McCartney, George Harrison y Ringo Starr– cambiaron en la década de 1960 el mundo de la música, imponiendo una nueva maner de cantar, de tocar e incluso de vestirs

Mánagers y productores

Los principales grupos de música rock participan de un sistema industrial en el que desempeñan un papel crucial las figuras del mánager y del productor, que se ocupan del sonido, la imagen y los contratos de un conjunto. Brian Epstein fue el legendario mánager de los Beatles.

▐▐▶ Elvis Presley (1935-1977)

Comenzó su carrera a los 19 años, con una voz educada en la música negra y el blues, y con una manera de cantar totalmente nueva, agresiva y sentimental al mismo tiempo. Con él, el rock se difundió a nivel mundial.

▐▐▶ Jimi Hendrix (1947-1970)

La guitarra eléctrica fue desde sus orígenes la protagonista de la historia del rock. Jimi Hendrix fue su máximo intérprete. Extraía de su instrumento cualquier sonido, aprovechando hasta el límite sus potencialidades tecnológicas. Hendrix se inspiraba en el blues, pero lo transformaba en una música violenta, inquieta y ruidosa.

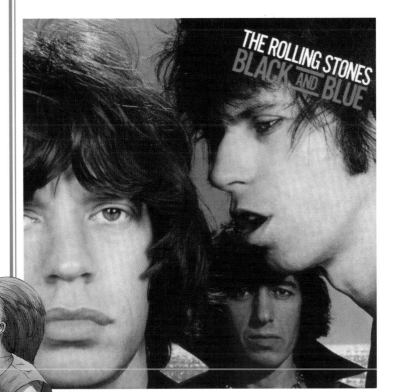

Los Rolling Stones

En el Londres que enloquecía con los Beatles, en la década de 1960, se afirmaban los Rolling Stones, un grupo que devolvía al rock'n'roll ese rasgo rebelde, maleducado y transgresor que lo había caracterizado en sus inicios. A diferencia de los Beatles, los Rolling Stones tenían un líder indiscutible, el cantante Mick Jagger, pero sobre todo proponían un sonido duro, más simple y agresivo.

▐▐▶ Las grandes concentraciones y la música

Las manifestaciones musicales masivas, en los estadios o en grandes zonas al aire libre, son una de las expresiones más significativas de la música de fines del siglo XX. Las grandes concentraciones podían celebrarse por motivos de orden político o benéfico, como el Concierto para Bangla Desh (1972) o el Live Aid (1985). Pero las maratones de conciertos también tienen lugar en formatos más reducidos en los que la música tan sólo es un pretexto para compartir unos momentos.

Woodstock

En agosto de 1969, más de 300.000 jóvenes participaron en la primera concentración multitudinaria de rock: tres días en los que no sólo se escuchó música, sino que se hizo realidad una experiencia de vida colectiva según los principios libertarios de la cultura hippy. La música se convirtió así en el vehículo de una emoción común, expresión del deseo de cambiar el mundo y la propia vida.

El concierto

De cantantes country –el género musical estadounidense inspirado en las canciones y los bailes populares del campo– como Joe McDonald, a grupos rock norteamericanos como los Jefferson Airplane, o británicos como los Who, desde Joan Baez a Janis Joplin o Joe Cocker, pasando por el indio Ravi Shankar, no hubo ningún género de música joven que no tuviera su lugar en los tres días de Woodstock.

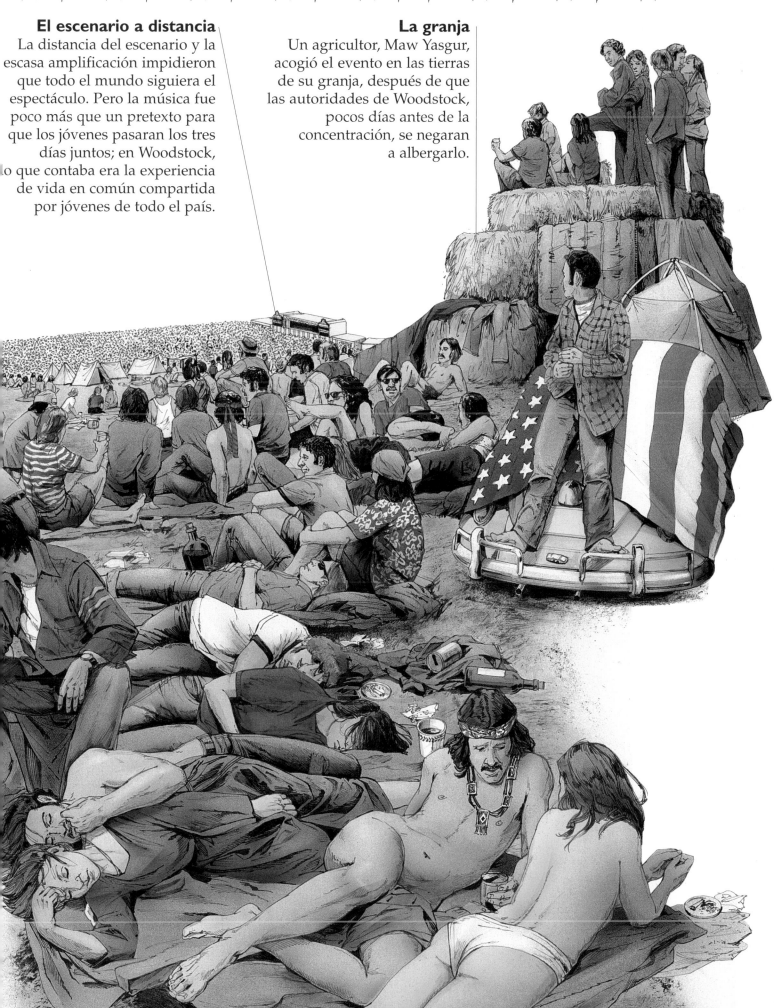

El escenario a distancia

La distancia del escenario y la escasa amplificación impidieron que todo el mundo siguiera el espectáculo. Pero la música fue poco más que un pretexto para que los jóvenes pasaran los tres días juntos; en Woodstock, lo que contaba era la experiencia de vida en común compartida por jóvenes de todo el país.

La granja

Un agricultor, Maw Yasgur, acogió el evento en las tierras de su granja, después de que las autoridades de Woodstock, pocos días antes de la concentración, se negaran a albergarlo.

⏸▶ NUSRAT FATEH ALI KHAN (1948-1997)

Renovó y popularizó en todo el mundo el canto *qawalli*, el antiguo repertorio de música y canto de la tradición mística musulmana (*sufi*). Nusrat, de origen paquistaní fue el principal intérprete de este estilo constituido por audaces virtuosismos vocales.

▬ ¿Multiculturalismo ▽ o neocolonialismo?

El éxito comercial de la World Music provocó encendidas discusiones: ¿es el producto de una sociedad que ya es multicultural o bien una nueva forma de colonialismo cultural? La pregunta sigue abierta. Pero los estímulos para la comunicación intercultural procedentes de la World Music son innegables. A la izquierda, el músico nigeriano Fela Anikulapo Kuti (1938-1997).

World Music

La comunicación musical presenta hoy una dimensión y una velocidad jamás conocidas anteriormente; mediante los CD es posible tener un acceso ilimitado a toda la música de la historia, desde la Antigüedad hasta nuestros días, pero también escuchar la música de todos los pueblos de la Tierra, establecer nuevas relaciones entre unas y otras civilizaciones musicales. A partir de estas premisas ha nacido la World Music, un intento de mezclar tradiciones diferentes para crear música nueva.

Peter Gabriel

El antiguo líder del grupo de rock Genesis fundó un sello discográfico que promueve el género de la World Music, uniendo a artistas de las procedencias más variadas.

Yossu'n Dour y Papa Wemba

Senegalés el primero, congoleño el segundo, mezclan su música con el rock, los ritmos caribeños y el rhythm and blues, pero conservan la vocalidad tradicional.

Cheb Khaled y Ravi Shankar
El rey del raï argelino y el intérprete de la música tradicional india se encuentran juntos en un estudio discográfico.

Nuevas sonoridades
En la World Music se dan cita instrumentos de civilizaciones muy lejanas, produciendo inéditas combinaciones sonoras.

Índice analítico